"There I had already learned from life itself the basic idea of the cynical function of ideology: that in order to function it shouldn't take itself too seriously. What shocked me was the extent to which not only the top party nomenclatura didn't take their own official ideology seriously, but to what extent those who took it seriously were perceived as a threat."

Page 35 of English edition, Slavoj Žižek, "Conversations with Žižek".

Dort hatte mir schon das Leben selbst die Grundzüge der zynischen Aspekte von Ideologien vermittelt: Um funktionieren zu können, dürfen sie sich nicht zu ernst nehmen. Geschockt hat mich nicht nur das Ausmaß, in dem die führende Partei-Nomenklatura ihre eigene offizielle Ideologie nicht ernst nahm, sondern auch wie sehr diejenigen, die sie ernst nahmen, als Bedrohung empfunden wurden.

Slavoj Žižek aus „Conversations with Žižek", Seite 35 der englischen Ausgabe.

Rooms, Conversations

Dora García

Zimmer, Gespräche

jovis

Diese Publikation erscheint in Kooperation mit der Galerie für Zeitgenössische Kunst Leipzig, Deutschland, anlässlich der Ausstellung, „Zimmer, Gespräche" von Dora García vom 21.04.-01.07.2007, kuratiert von Julia Schäfer.
This publication is edited in cooperation with the Museum of Contemporary Art Leipzig, Germany, on the occasion of the exhibition "Rooms, Conversations" by Dora García from April 21 to July 1, curated by Julia Schäfer.

Der Film „Zimmer, Gespräche" ist entstanden in Kooperation mit/
The film "Rooms, Conversations" was made possible in cooperation with:
Argos (Brussels), www.argosarts.org
Vlaams Audovisueel Fonds, Brussels
Les Laboratoires d'Aubervilliers, France
Werkleitz Gesellschaft e.V., Halle
Behörde der Bundesbeauftragten für die Unterlagen des Staatssicherheitsdienstes der ehemaligen DDR, Berlin/Leipzig
Bürgerkomittee Leipzig e.V., Träger der Gedenkstätte Museum in der „Runden Ecke" Leipzig
Wohnungsbaugenossenschaft Kontakt e.G., Leipzig
Ostdeutsche Sparkassenstiftung im Freistaat Sachsen gemeinsam mit der Sparkasse Leipzig
Die Ausstellung „Zimmer, Gespräche" wurde unterstützt von/
The exhibition "Rooms, Conversations" is supported by:
Ostedeutsche Sparkassenstiftung im Freistaat Sachsen gemeinsam mit der Sparkasse Leipzig
Kulturstiftung des Freistaates Sachsen

Danke! Thanks!
Kathleen Liebold
Sybille Cornet
Paul Willemsen
Moritz Küng
Chus Martínez
und allen Beteiligten/and all people involved

Herausgeberinnen/Editors: Julia Schäfer und/and Dora García, Galerie für Zeitgenössische Kunst Leipzig
Autorinnen/Authors: Julia Schäfer, Dora García, François Piron
Redaktion/Editing: Julia Schäfer, Dora García, Sophia Dietrich (Assistenz), Dora García
Lektorat/Copy-Editing: Annett Koch, transparent Berlin
Übersetzung/Translation: transparent Berlin
Grafische Gestaltung/Design: Alex Gifreu, Ana Domínguez
Fotos/Photographs: Dora García, Behörde der Bundesbeauftragten für die Unterlagen des Staatssicherheitsdienstes der ehemaligen DDR, Berlin/Leipzig
Druck/Print: Pöge Druck, Leipzig

Bibliografische Information der Deutschen Bibliothek
Die Deutsche Bibliothek verzeichnet diese Publikation in der Deutschen Nationalbibliografie; detaillierte bibliografische Daten sind im Internet über http://dnb.ddb.de abrufbar.
Bibliographic information published by Die Deutsche Bibliothek
Die Deutsche Bibliothek lists this publication in the Deutsche Nationalbibliografie; detailed bibliographic data are available in the Internet at http://dnb.ddb.de

jovis Verlag
Kurfürstenstraße 15/16
10785 Berlin
www.jovis.de

ISBN: 978-3-939633-16-7

KULTURSTIFTUNG DES FREISTAATES SACHSEN

Ostdeutsche Sparkassenstiftung im Freistaat Sachsen gemeinsam mit der Sparkasse Leipzig

-INDEX-

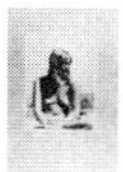

-6-
Women, naturist meeting,
end of the seventies.
BStU archive, former MfS archive,
German Democratic Republic

-12-
Ray Bradbury
Fahrenheit 451
Corgi Books
Corgi Editions 1969

-14-
Ray Bradbury
Fahrenheit 451
Verlagsgruppe Random House:
Heyne Verlag

-16-
"It Is Not How It Used
To Be. It Is How I Create
My Own Memory of It."
(Dora García)

-20-
„Es ist nicht so, wie es
wirklich war, sondern wie ich
es in meiner Erinnerung
entwerfe."
(Dora García)

-24-
Ingrid Poss,
Peter Warnecke (Hg.)

Spur der Filme.
Zeitzeugen über die DEFA
Ch. Links Verlag, Berlin 2006

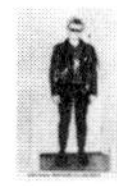

-26-
Punks, early
eighties. BStU archive,
former MfS archive,
German Democratic
Republic

-38-
Wolfgang Hilbig
„Ich"
Roman Fischer
Taschenbuch Verlag
Frankfurt am Main,
November 1995

-40-
Narratives of Guilt and
Compliance in Unified Germany.
Stasi Informers and Their Impact On
Society
Barbara Miller.
Routledge, London, 1999

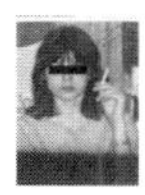

-44-
Smoking lady, end of the seventies.
BStU archive, former MfS archive,
German Democratic Republic

-48-
Loyal dissidents and
Stasi poets: Sascha Anderson,
Christa Wolf, and the incomplete
project of GDR (German
Democratic Republic) research.
Journal article by Julia Hell;
German Politics and Society,
Vol. 20, 2002

-54-
Karin Hartewig
Das Auge der Partei
Fotografie und Staatssicherheit
Ch. Links Verlag,
Berlin, 2004

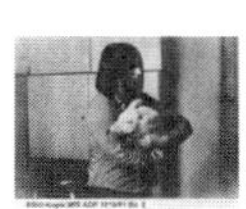

-56-
Piglet. BStU archive,
former MfS archive,
German Democratic
Republic

-62-
Stasi intern
Macht und Banalität

Herausgegeben vom
Bürgerkomitee Leipzig
Forum Verlag Leipzig
1991

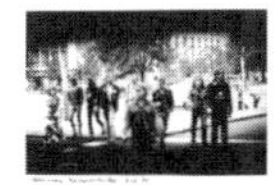

-64-
Young people, early
eighties. BStU archive,
former MfS archive,
German Democratic
Republic

-68-
Intraduisible
François Piron

-70-
Untranslatable
François Piron

-72-
Unübersetzbar
François Piron

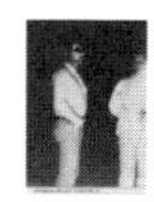

-74-
Night meeting. BStU
archive, former MfS
archive, German
Democratic Republic

-84-
Rooms,
Conversations

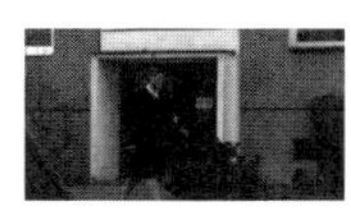

-88-
Rooms,
Conversations.
Videostills

-94-
Zimmer,
Gespräche

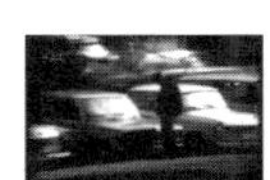

-98-
Historical observation
videos, 1980-1989. BStU archive,
former MfS archive, German
Democratic Republic

Women, naturist meeting, end of the seventies. BStU archive, former MfS archive, German Democratic Republic

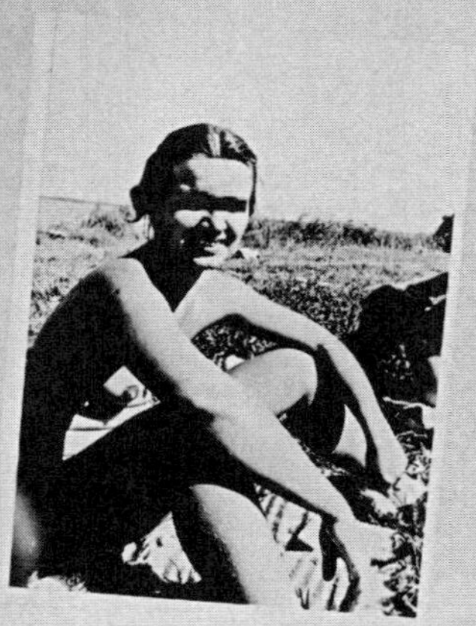

BStU-Kopie MfS HA XX/Fo/689 Bild 8

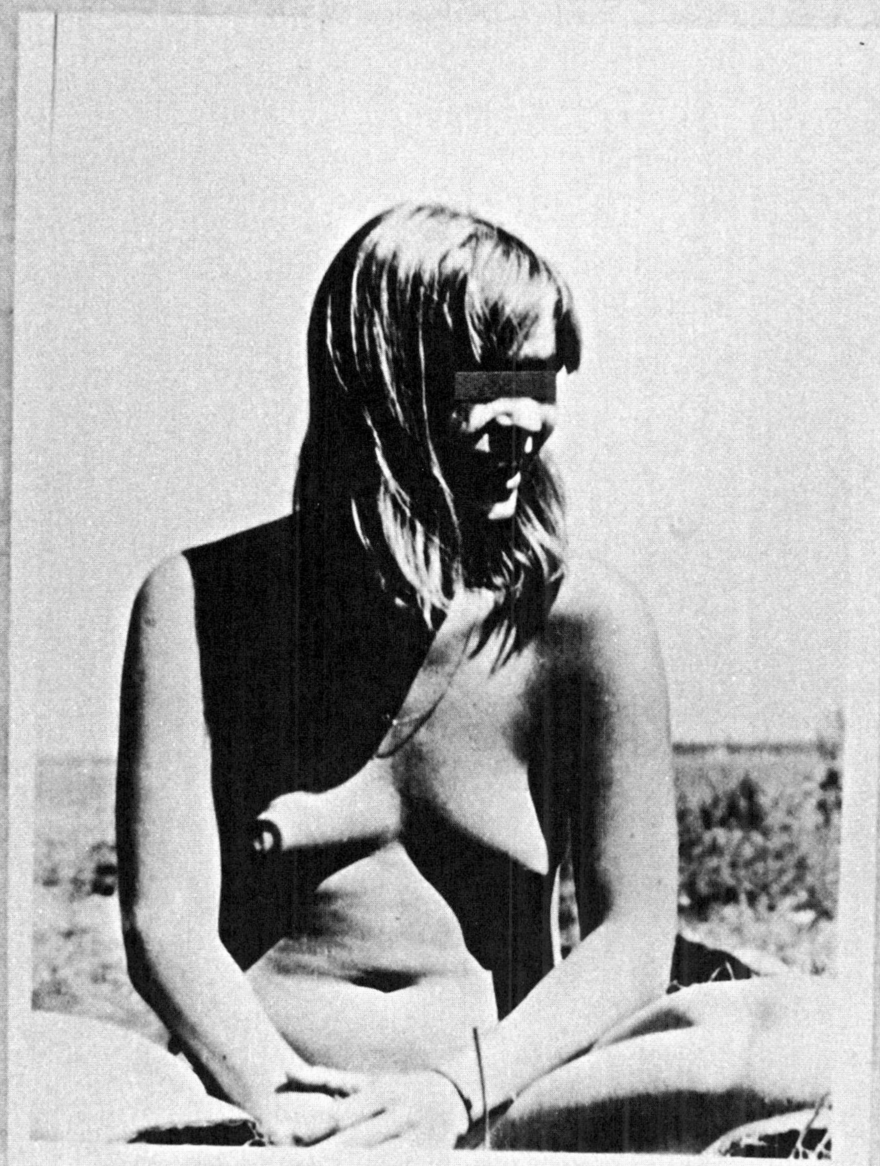

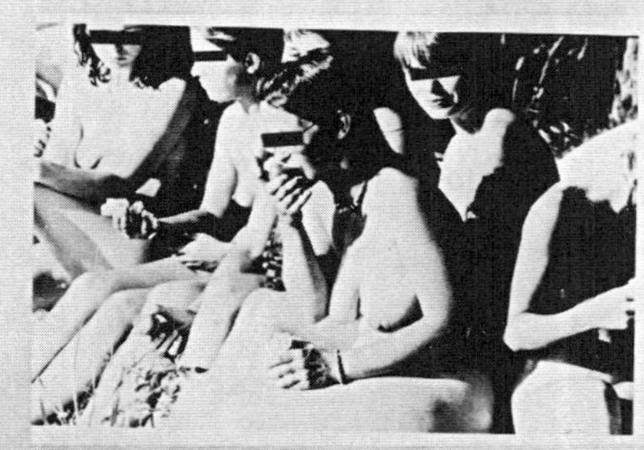

BStU-Kopie MfS HA XX/Fo/689 Bild 3

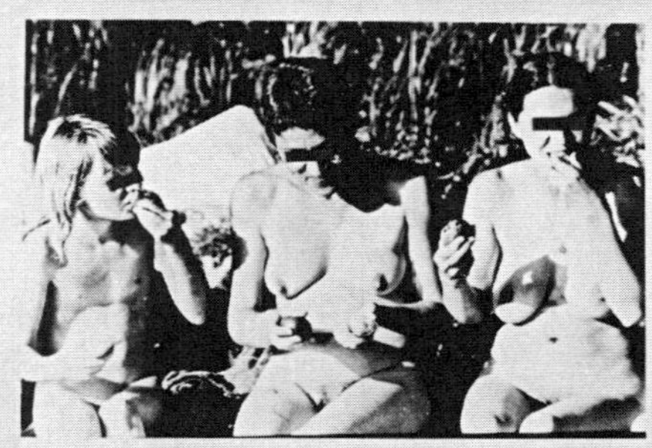

BStU-Kopie MfS HA XX/Fo/689 Bild 5

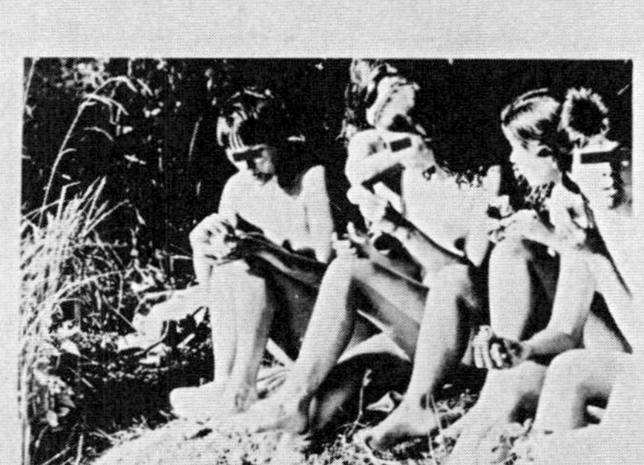

BStU-Kopie MfS HA XX/Fo/689 Bild 4

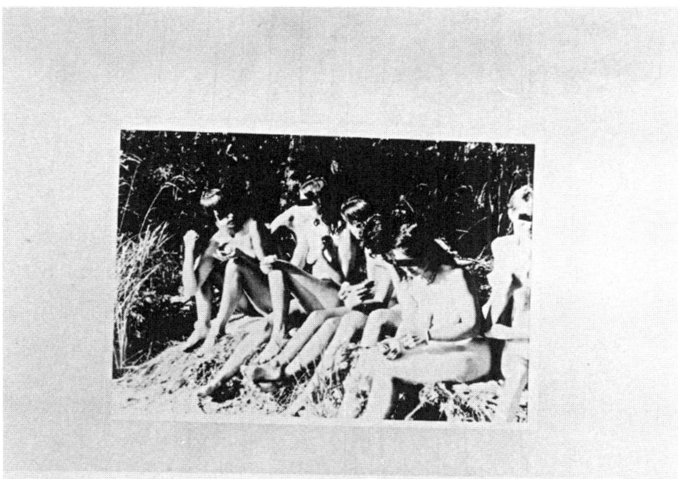

BStU-Kopie MfS HA XX/Fo/689 Bild 2

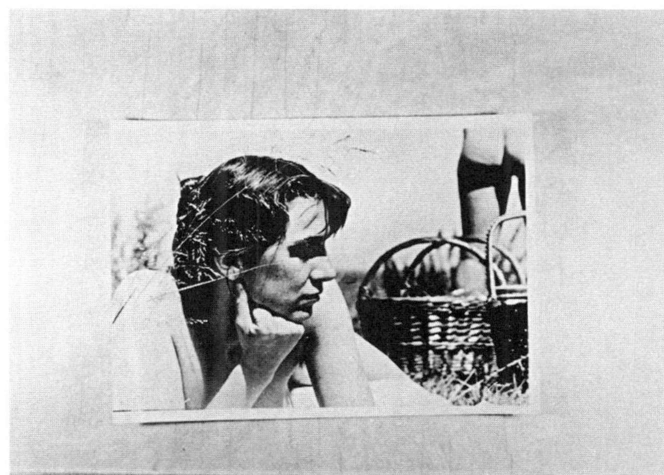

BStU-Kopie MfS HA XX/Fo/689 Bild 7

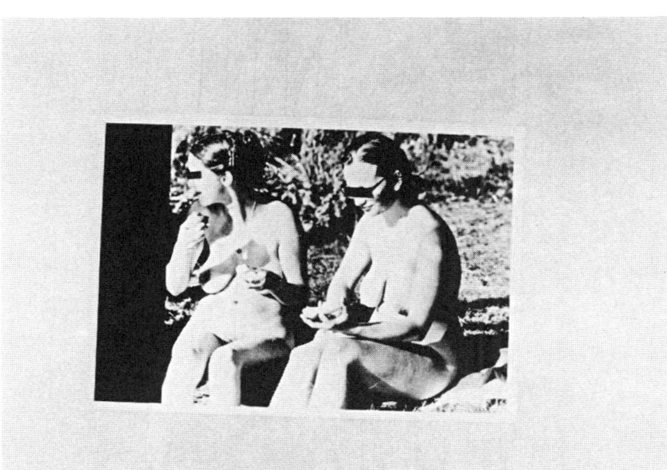

BStU-Kopie MfS HA XX/Fo/689 Bild 6

Ray Bradbury
Fahrenheit 451
Corgi Books
Corgi Editions 1969

Page 114

Montag started to speak twice and then finally managed to put his thought together.
"Was it my wife turned in the alarm?"
Beatty nodded. "But her friends turned in an alarm earlier, that I let ride. One way or the other, you'd have got it. It was pretty silly, quoting poetry around free and easy like that. It was the act of a silly damn snob. Give a man a few lines of verse and he thinks he's the Lord of all Creation. You think you can walk on water with your books. Well, the world can get by just fine without them. Look where they got you, in slime up to your lip. If I stir the slime with my little finger, you'll drown!"

Page 133

Montag jammed his Seashell to his ear.
"Police suggest. Entire population in the Elm Terrace area do as follows: Everyone in every house in every street open a front or rear door or look from the windows. The fugitive cannot escape if everyone in the next minute looks from his house. Ready! "
(...)
"At the count of ten now! *One! Two!*"
He felt the city rise.
"Three!"
He felt the city turn to its thousands of doors.

Page 142

Granger nodded. "They are faking. You threw them off at the river. They can't admit it. They know they can hold their audience only so long. The show's got to have a snap ending, quick! If they started searching the whole damn river it might take all night. So they are sniffing for a scape-goat to end things with a bang. Watch. They'll catch Montag in the next five minutes!"
"But how–"
"Watch."
The camera, hovering in the belly of a helicopter, now swung down at an empty street.
"See that?" whispered Granger. "It'll be you; right up at the end of that street is our victim. See how our camera is coming in? Building the scene. Suspense. Long shot. Right now, some poor fellow is out for a walk. A rarity. An odd one. Don't think the police don't know the habits of queer ducks like that, men who walk mornings for the hell of it, or for reasons of insomnia. Anyway, the police have had him charted for months, years. Never know when that sort of information might be handy. And today, it turns out, it's very usable indeed. It saves face. Oh, God, look there!"

Ray Bradbury
Fahrenheit 451
Verlagsgruppe
Random House:
Heyne Verlag

S. 137

...

Zweimal setzte Montag zum Sprechen an, bis er seine Gedanken schließlich zu sammeln vermochte.
„War es meine Frau, die die Anzeige erstattete?"
Beatty nickte. „Aber ihre Freundinnen hatten schon zuvor eine Meldung gemacht, die ich erst einmal zurückstellte. So oder so, du warst geliefert. Es war höchst töricht, so unbekümmert Gedichte vorzulesen. Es verriet deine ganze Arroganz. Gib einem Menschen ein paar Verszeilen, und er glaubt Herr über die ganze Schöpfung zu sein. Du meinst, du kannst mit deinen Büchern Wunder wirken. Nun, die Welt kommt bestens ohne sie aus. Sieh nur, wie weit du es damit gebracht hast. Bis an die Nase stehst du jetzt im Dreck. Wenn ich auch nur mit dem kleinen Finger darin rühre, gehst du unter."

...

S. 159

...

Montag klemmte sich die Funkmuschel ins Ohr.
„Eine Durchsage der Polizei. Die gesamte Bevölkerung im Gebiet Elm Terrace hat sich folgendermaßen zu verhalten: Jedermann in jedem Haus in jeder Straße öffnet eine Haus- oder Hintertür. Der Flüchtling kann nicht entkommen, wenn ein jeder in der nächsten Minute Ausschau hält. Fertig!"
(...)
„Wir zählen bis zehn. *Eins! Zwei!*"
Ihm war als würde sich die Stadt erheben.
„Drei!"
Ihm war, als sehe er die ganze Stadt an die Türen gehen.

...

S. 169

...

Granger nickte:
„Das ist ein Schwindel. Du hast sie am Fluss abgeschüttelt, aber sie dürfen es nicht zugeben. Sie wissen genau, dass sie die Zuschauer nicht beliebig lang bei der Stange halten können. Es muss einen Showdown geben, und zwar bald. Wenn sie den Fluss absuchen, dauert das vermutlich die ganze Nacht. Also brauchen sie einen Sündenbock, um die Sache mit einem Knalleffekt abzuschließen. Pass auf, sie fangen Montag in den nächsten fünf Minuten!"
„Aber wie..."
„Pass nur auf."
Von einem Hubschrauber aus schwenkte die Kamera jetzt auf eine menschenleere Straße.
„Siehst du das?" flüsterte Granger. „Das wirst du sein. Am anderen Ende der Straße wird die Beute gestellt. Siehst du, wie die Kamera einschwebt? Spannender Aufbau der Schlussszene. Totale. Irgendein armer Teufel macht gerade einen Spaziergang. Ein Einzelgänger, ein Sonderling. Glaub nur nicht, der Polizei seien die Lebensgewohnheiten solcher Menschen unbekannt, die am frühen Morgen hinausgehen, weil es ihnen Spaß macht oder weil sie nicht schlafen können. Wie auch immer, der Betreffende steht seit Monaten oder sogar Jahren unter polizeilicher Beobachtung. Man kann ja nie wissen, wann solche Kenntnisse einmal nützlich sind. Heute zum Beispiel kommen sie äußerst gelegen. Um das Gesicht zu wahren. Gott, sieh doch!"

...

“It Is Not How It Used To Be. It Is How I Create My Own Memory of It.” (Dora García)

Julia Schäfer (JS):

On Wednesday I took part in a guided tour of the BStU here in Leipzig, which is a branch of the archive department for the Records of the National Security Service of the former GDR, or Stasi, as it's better known. This tour takes place only once a month. It's right next to the museum in the 'Runde Ecke', which documents the so-called 'Peaceful Revolution' of 1989, which actually began here in Leipzig. They describe the methods used by the Stasi, and explain how the whole system worked. Well that's the museum, but the BStU still functions as the real archive of files. They are both housed in the former Stasi building, and you really get a sense of what it was like - especially more so in the museum, than in the BStU. They also offer guided tours in the archive, just because it's so unbelievable what happened in this building for almost 40 years. Even now, more and more people are coming to take a look in their files - or just to check first, whether there is a file about them at all… For many people this insight totally changes their lives. They discover things about their past, which they never would have even dreamt of. Friends and family members are discovered as spies and aides of the totalitarian system. They suddenly have to come to terms in the present with the fact that they were observed for years by people, by cameras and recorded on tape. The Stasi did everything to control society using its very own co-citizens as an instrument of control and followed even the strangest signs of suspicious activities in daily life.

There were tons of people at this guided tour. The interest in this past and the way people are dealing with it now is enormous. I'd say most of the people were aged around sixty. Most of them were former inhabitants of a country which doesn't exist anymore. The lady who guided us told one significant story. And maybe this explains a bit the level of absurdity which lies between the tragic and comic: all letters that were sent from the West to the East were opened. All of them! And on one occasion they had a very special case. It was a sheet of paper full of cryptic letters: r-r-l-l, l-r-l-r-l-r and so forth. The Stasi thought this was a very difficult secret code for the transfer of important information. Over six weeks a hundred people were ordered to find out the code. Six weeks, a hundred people! And in the end, it was a knitting pattern for a pullover! [In German, just as in English, L and R can stand for left and right.] The Stasi story is a very long one and still a kind of vacuum state of discussion, even, or especially, here on former GDR territory.

Dora, when did you first come across stories such as this one? How did you react to them?

Dora García (DG):

As a sort of presentiment, about three months before I was asked to prepare a project to apply for the Blinky Palermo Grant, I found the book *Ich,* by Wolfgang Hilbig, in a bookshop in Spain, translated into Spanish. The book caught my eye, don't know why and I bought it. I read it and then somehow, I lost it. Three months later I was searching the web to find out what I could do in Leipzig which would be exciting enough to develop into a project, and fell by chance on the article *Loyal Dissidents and Stasi Poets,* which is quoted extensively in this book. It really was a chain of coincidences. I remember trying to find the book by Hilbig again but it had disappeared, and I had to order a new one, and had a totally different reading of it than the first time, when I knew nothing about the historical background of the novel. It is, independent of my interest in it for my own project, a very good novel. It is something between Kafka and Vila-Matas, and there I found the starting point: a writer suffering from writer's block who is a Stasi informer and who finds inspiration for his novels in the reports he writes for the Stasi. So, a repressive apparatus as creative force; that was the thing I was interested in. To think of these endless *Akten* as elaborated biographies of citizens, written with a care that no other author could ever have put into it, a 1:1 reproduction of a human life, a dark double of the diary. A bureaucratic mirror of society, almost identical in size to what it represented, it was the Borgesian idea of the map which is as big as the territory it represents.

JS: Approaching this as an outsider, I guess it gives you a big advantage when facing the methods of the Stasi, especially in what you were interested in. I can feel - living here in Leipzig and before that in Dresden - that people don't really talk about the negative aspects of the SED regime in public. Now with movies like *Das Leben der Anderen* [The Life of Others] (which I know, you don't like, because of its Hollywoodism) they're starting to talk about it, but only slightly. Coming at it from the outside gives you the opportunity to comment without hurting feelings.

DG: Apparently, people can't talk about anything that is too heavy to bear, which I understand. We in Spain right now live in a very difficult moment, which has no doubt to do with the many things unsaid after the end (but not the fall) of the Franco regime. The wonderful Billy Wilder film *One, Two, Three* uses the inability of the German people to talk about what happened during the 1939-1945 war as a source of comedy. And in the GDR they believed that as a communist state all the Nazis must have been on the other side. So it is not surprising that no one wants to talk about the GDR times. And I doubt they will ever do it honestly. (I find *Das Leben der Anderen* a very *dishonest* movie, among other things -dishonest because of its inconsistent plot and the Manichaeism of the characters.) Why should they do it here, if they did not do it in Spain, in Portugal, in Chile, in Brasil or in Argentina? Or in the United States for that matter?

JS: A few days ago I was talking to a lady, who studied in West Berlin (I guess in the 1980s), and always travelled to the GDR, having friends there, and spent the holidays together with them - and was always aware of, what was happening on the other side of the Wall as a result. She even once got a three-year prohibition from entering GDR territory. She told me, she's convinced, that it'll take at least one generation before the differences of the past can be levelled out and overcome- somehow. Interesting, how this not-being-able-to-talk is probably also a strategy of survival. This also explains why people who order their files at BStU get psychological help. They say this is more than necessary. Topics of surveillance, control, communication, gestures and language have cropped up in your earlier works. This footage that you got from the BStU and the researches on the Stasi must have been amazing for you. What lead you to be interested in these topics before? We find this phenomenon in many public discussions, too: surveillance of the private sphere and such. Are you more interested in the question of role-playing and dependency within this subject?

DG: I get very irritated when they say my work has to do with surveillance. I am interested in the footage recorded with surveillance cameras not because it is a proof of a totalitarian state of things (which it is), not because it is an attack on my privacy as citizen (which it is), but because it is a narrative genre. In the last movie of David Lynch, *Inland Empire,* the film opens with a scene filmed with a surveillance camera, where the faces of the characters have been blurred and the voices distorted. The effect is terrifying; this footage, as the footage from the Stasi videos, seems to come straight from the subconscious. It is a dream, or nightmare-like genre. Even the cuts, the structure, the voice-over comments, seem to come straight out of our deepest, subconscious fears. And since I read Foucault's *Surveiller et Punir* (in English: "Discipline and Punish") and Kafka's *In the Penal Colony,* indeed the complex relation between the State and the individual has become a fascinating subject for me, in that in many aspects it mirrors family and love relations. The *fractalization* of power. Yes, indeed, in these pairs: individual/state, father/son, victim/perpetrator, the roles are never totally defined. It is always a symbiosis, a relation of dependency in both ways. It is a game, in the sense the word *game* has in the book *Games People Play,* by Eric Berne.

JS: The Leipzig research directly led you to an essential interest of yours, so to say: like for example the narration in surveillance. The media, you use in your artistic work has a wide range, from installation, performance, text, video, etc. For the Leipzig work *Rooms, Conversations* you decided to work on a film. Is that because of the narrative possibilities in film? You wanted to work with Leipzig actors in a Leipzig apartment. Is this important for you? In terms of being authentic?

DG: I wanted to tell a story, and I wanted to work with characters, and it had to be in German. This appeared to me with the clarity of revelation. More than being authentic, like a historical reconstruction has to be authentic, it had to be true, like a novel is true.

JS: How did you develop the script? Obviously oral and body language play an enormous role in conversations between the officer and the IM [*Inoffizielle Mitarbeiter,* or Unofficial Collaborator]. I know, that you speak German, but I guess, that the fine nuances are difficult to grasp as a foreigner. How could you work on that issue?

DG: It was a miracle. Only an idiot like me can think of writing a script in German with my ultra-basic-bottom notions of German, even if I had a lot of help from different people. The first shooting week we (Sybille Cornet, who helped me with the actors, and me) did not sleep at all because the original script had to be changed every day in order to sound authentic, but not realistic. It was a work of approximation, of trial and error, for which I am indebted to the actors, who said clearly - and not always too politely - what they thought of the script.

JS: Did the crew ever talk about their experiences with the Stasi? Was this ever a topic on the set?

DG: Katarina Schröter, who is from West Germany, told some very funny anecdotes about the idea she had as a child of the GDR and their poor, hungry, under-vitamined citizens, with children doing that strange, paramilitary salute: "*Immer bereit!*" Kathleen, our coordinator, shared some more dramatic memories about friendship and betrayal. Our main male actor had something to say about the sort of presents the Stasi offered to the IMs, but did not disclose his sources. Yes, it was definitely an issue.

JS: In your film *Rooms, Conversations* it's clearly shown how dependent and trapped the persons are. How oppressive the circumstances must be when "Real contact isn't possible," when it says: "We have all met in a dream. No one ever decided to work with us. It was already decided. *Deus ex machina:* an order of higher powers." Of course, you never mention the Stasi or the GDR. The plot seems hard to pin down in time and space. The audience picks up hints from the furniture, the architecture, but still it's not easy to define it from outside. Do you explicitly want to leave it open?

DG: I want to leave it open. It is just the way I work. I am interested in sexual tension only when you cannot point where it really comes from, or how it can be resolved. There is a sexual tension among the three characters, but you never know how to place it. Are they father, daughter, boyfriend? Are they teacher, students? Are they lovers, all three? Are they lovers, and an old jealous husband? Did they have a relationship? Will they have one? Who controls who? Are we in the GDR or in *1984* or in *Fahrenheit 451*? In the future or in the past? It is a not-happening that functions as a whodunit. I like that.

JS: You've shown the film already quite often at different venues outside of Germany. I'm interested in the reactions of the foreign audiences. Could you talk a bit about your experiences and the reactions?

DG: I saw people could see and understand the film, even appreciate it, without really knowing much about the historical background. People mentioned as possible references Beckett, Fassbinder. That's what they said. I never had them in mind when I did the project.

JS: *Glass Wall Live* and *Proxy,* two earlier works also focus on the observation of behaviour. In one case, you give orders to the audience. In the other an actor stays in the exhibition space all day long during the exhibition. The audience is confronted with it and with themselves; as in *Rooms, Conversations,* too. They can't be sure of anything, even if it's of little importance or not. If there are cameras, if it is staged - or if the exhibition carries over into daily life, if they are observed by others, or the other way round? And what is suspicious or not? Or it leads them into the past. Especially here in Leipzig in an exhibition, which isn't obviously about the Stasi at first, but on second glance deals with it, even though it also leads to fiction and absurdity.

DG: One of the many fascinating principles the Stasi used when recruiting and training their IMs was the so-called "mosaic principle," meaning that an observer should never know what he had to observe exactly, and why. The idea was that if you told your IM to observe a certain house, you should never tell him why and what he had to look for, because that would cause him to narrow his attention and perhaps very important details would escape him. So he had to see everything and note down everything, and his officer would decide what was relevant and what not. This produced a state, in the mind of the observer, where absolutely everything was relevant, where everything signified. And then, again this makes me think of literature, of the rules of observation for the creation of characters, and the character of *Funes el memorioso,* a short story by Borges where a man remembers absolutely everything. A world where everything signifies is just too intense to tolerate, but again, it points to the reality of dreams, where all objects appearing in the dream have a purpose.

JS: In the case of Borges, this Absolute Mind leads to inflexibility and stagnation. A world without priorities! This is interesting in terms of your show, too. Remember, when you told me: don't be afraid of emptiness! We were discussing the rooms and I feared the fact, that we would have lots of space, maybe too much. Now I see it in a different way. And I'm more than convinced of the fact, that exactly this open space will lead us to give meaning onto everything - even this emptiness.
In your proposal for the Blinky Palermo Grant you talk about Michael Ruschky's theses about an imaginary GDR. It leads to the point, where he says, that the new GDR is one of oral history, which started to exist after the Wall came down. Could this community create a fiction of what the GDR was? How much is this aspect of importance for your Leipzig project?

DG: Fiction is the important word in the project. I never wanted to make a historical reconstruction of a real meeting [in *Rooms, Conversations*], and I certainly do not pretend to tell the citizens of Leipzig about something they already know much better than me. I do not want to rediscover history, I am not the person for that, I lack the most elemental qualifications. I want to tell a story, that's all, and I want to present certain found material as a story, read it in a very different level than the one for which it was created (the repression of citizens) and I believe this new, more abstract level of reading, is a very significant one, because it allows you to remember it. It's not how it used to be, it's how I create my own memory of it (of something I never experienced), and in that way make it readable to others.

JS: You composed a story with - let's call them - *known* elements. Maybe known, but not seen before. I'm interested how this will work with the audience - also in terms of the found footage, photos and films that you use. Videos named *window, door, car, couple...* are shown in the gallery. We see grainy, unfocussed videos: obviously found footage. People are being observed secretly through curtains and windows. Cryptic messages try to lend the scenes some form of sense: "01 and 02 at 04. MC dividing 95 - 98. Content 2000." The texts were made after the Stasi coding of activities in daily life into numbers. Our fascination lies in the banal, seeing it disconnected from its historic-political background. How do you make use of the material?

DG: I see them as "found footage", where my intervention is the selection, edition and titling. I made narrative films of them that make me think of Warhol, of Lynch, of Ballard, of Bradbury, of Cronenberg. There is something terrible in them, a *terribilitá,* exuding from their very inanity, banality, their not-happening. They represent time through and through, time that leads to death, they function as a countdown. I found them and I saw they were what I was looking for.

JS: The aspect of fiction or reality also plays a role in the work *Instant Narrative* that you show in the gallery too. Visitors are a part of a work, at first without knowing it. You hire an actor or writer to sit at the reception desk to write about what's happening in the museum's entrance. This person is mainly there to describe visitors, from their outfit up to behaviour. This isn't a camera, watching and taping. It's a person *describing*. Like the Stasi described the everyday. In the end, *Instant Narrative* is like theatre and live performance. A bit of poetry. Again a narration!

DG: Yes. Well, to say that the Stasi texts are poetry is pornographic. The Stasi is not poetry and it is not fiction, it is not theatre and live performance. The Stasi is an aberration. But these videos I am presenting here are not made by the 'Stasi' as an author, but by individuals, portraying other individuals, and why they did it, and how, *that* is interesting, and that creates a story.

JS: We will have a film programme alongside the exhibition, where DEFA films will be screened. We will also show *Die verlorene Ehre der Katharina Blum* and the film *Fahrenheit 451* by Francois Truffaut. This last movie also lends the title to a work, shown in the exhibition, called *Fahrenheit 451* from 2002. How do you see the role of this installation of two thousand reverse-printed copies of the book *Fahrenheit,* by Ray Bradbury, on a table in relation to the Leipzig show?

DG: It is a work from 2002, long before I knew anything about the Stasi. It acquires a new meaning now. The novel of Ray Bradbury is set in a parallel present where books, as a symbol of free-thinking and individualism, are considered dangerous by the state, and they are burnt and the people who read them are prosecuted. The state claims they only want to protect their citizens from the unhappiness that comes from thinking. This paternalistic state can be recognized in many real ones, the SED dictatorship is just one of them. The fact that the book is inverted has to do with the necessity of placing yourself in front of a mirror to see the book as real, but then seeing yourself as an image. It is a vortex, something that turns things around.

JS: You use the new building of the GfZK visually very much as a storyboard. The huge windows are transformed into screens, showing scenes of the film. Quotes, related to it are presented on another. How would you describe the dramaturgy of the exhibition?

DG: I have tried to reconstruct the research process, by placing the film in the central projection space and building up a story that opens with a work from 2002 [*Fahrenheit 451 (1969)*], then presenting the different documents found and edited during my Leipzig stay, and closing with a work from 2006 [*Instant Narrative*] that has been recording our visit since the moment it started.

Julia Schäfer, *1972, since 2001 curator and art-educator at the Museum of Contemporary Art Leipzig. Since 2006 teaching at Burg Giebichenstein (UNI) in Halle, 2000 Assistant at the New Museum of Contemporary Art, New York, 1999-2001 free lance at the Kunstmuseum Wolfsburg.

„Es ist nicht so, wie es wirklich war, sondern wie ich es in meiner Erinnerung entwerfe.“ (Dora García)

Julia Schäfer (JS):

Am Mittwoch nahm ich hier in Leipzig an einer Führung der BStU teil. Die BStU ist eine Niederlassung der Archivabteilung für Unterlagen des Staatssicherheitsdienstes der ehemaligen DDR, besser bekannt als Stasi. Diese Führung findet nur einmal im Monat statt. Die BStU befindet sich gleich rechts neben dem Museum in der „Runden Ecke“ und dokumentiert die sogenannte „friedliche Revolution“ von 1989, die in der Tat hier in Leipzig begann. Dort werden die von der Stasi angewandten Methoden dargestellt und die Arbeitsweise des gesamten Systems erklärt. - Das ist das Museum, aber die BStU fungiert immer noch als wirkliches Aktenarchiv. Beide sind im ehemaligen Stasi-Gebäude untergebracht und man bekommt wirklich einen Eindruck davon, wie es gewesen ist - mehr noch im Museum als in der BStU. Auch im Archiv werden Führungen angeboten, weil es einfach schier unglaublich ist, was in diesem Gebäude fast 40 Jahre lang vor sich ging. Selbst heute noch kommen immer noch und immer mehr Leute, um ihre Akten anzuschauen - oder um überhaupt erst einmal zu prüfen, ob es eine Akte über sie gibt ... Für viele Leute verändert diese Erfahrung ihr Leben. Sie finden Dinge über ihre Vergangenheit heraus, an die sie nicht einmal im Traum gedacht hätten. Freunde und Verwandte werden als Spitzel und Helfershelfer eines totalitären Systems enttarnt. Plötzlich müssen sich diese Personen in der Gegenwart mit der Tatsache auseinander setzen, dass sie jahrelang von Menschen oder Kameras observiert wurden oder dass das, was sie gesagt haben, auf Band festgehalten wurde. Die Stasi tat alles, um die Gesellschaft zu kontrollieren, setzte die eigenen Bürger als Kontrollinstrument ein und verfolgte selbst die leisesten Anzeichen verdächtiger Aktivitäten im Alltag.

An dieser Führung nahmen unglaublich viele Menschen teil. Das Interesse an der Vergangenheit und der Art, wie Menschen heutzutage mit ihr umgehen, ist enorm. Ich muss hinzufügen: Die meisten waren um die 60. Viele von ihnen waren ehemalige Bürger eines Landes, das es heute so nicht mehr gibt.

Die Frau, die die Führung machte, erzählte uns eine beeindruckende Geschichte, die vielleicht ein bisschen das Ausmaß der Absurdität erklären kann, das irgendwo zwischen Tragik und Komik liegt: Alle Briefe, die vom Westen in den Osten geschickt wurden, wurden geöffnet. Alle! Einmal ereignete sich ein ganz besonderer Fall. Es handelte sich um ein Blatt Papier voll mit kryptischen Buchstaben: r-r-l-l, l-r-l-r-l-r und so weiter. Die Stasi dachte, dass dies ein besonders komplizierter Geheimcode für die Übermittlung wichtiger Informationen sei. Über sechs Wochen lang waren 100 Leute damit beschäftigt, den Code zu knacken. Sechs Wochen lang, 100 Leute! Das Ganze stellte sich am Ende als ein Strickmuster für einen Pullover heraus - rechts, rechts, links, links ...! Die Geschichte der Stasi ist eine sehr lange Geschichte und die Diskussion befindet sich immer noch in einer Art Vakuum, sogar, oder vielleicht besonders hier in dem Gebiet der ehemaligen DDR.

JS: Dora, wann bist du zum ersten Mal Geschichten wie dieser begegnet? Wie hast du auf sie reagiert?

Dora García (DG):

Wie in einer Art Vorahnung habe ich drei Monate, bevor ich gebeten wurde, ein Projekt für die Ausschreibung des Blinky-Palermo-Stipendiums vorzubereiten, das Buch *Ich* von Wolfgang Hilbig in einer Buchhandlung in Spanien gefunden. Es war ins Spanische übersetzt. Das Buch zog meinen Blick auf sich, ich weiß auch nicht warum, und ich kaufte es. Ich las es und verlor es dann aber irgendwie. Drei Monate später suchte ich im Web, um etwas zu finden, was ich in Leipzig machen könnte, etwas, das spannend genug wäre, um sich zu einem Projekt zu entwickeln und zufällig stieß ich auf den Artikel *Loyal Dissidents and Stasi Poets*, der ausführlich in diesem Buch zitiert wird. Das war wirklich eine Häufung von Zufällen. Ich weiß noch, dass ich versucht habe, das Buch von Hilbig wiederzufinden, aber es blieb verschwunden, und ich musste ein neues bestellen. Dieses Mal las ich es ganz anders als beim ersten Mal, als ich noch nichts über den historischen Hintergrund des Romans wusste. Ich finde, das Buch ist ein sehr guter Roman – ganz unabhängig von meinem Interesse an ihm wegen meines eigenen Projekts. Es ist etwas zwischen Kafka und Vila-Matas, und dort fand ich auch den Ausgangspunkt: ein Schriftsteller, der an einer Schreibblockade leidet und der ein Stasi-Informant ist und seine Inspiration für seine Romane in den Berichten findet, die er für die Stasi schreibt. So wird ein repressiver Apparat zur kreativen Kraft; das war es, was mich interessierte: mir diese endlosen Akten als ausgearbeitete Biografien von Bürgern vorzustellen, so sorgfältig geschrieben, wie es kein anderer Autor hätte tun können, 1-zu-1-Reproduktionen eines Menschenlebens, die dunkle Seite des Tagebuchs. Ein bürokratischer Spiegel der Gesellschaft, fast genauso groß wie das, was er repräsentierte – das war die Vorstellung von Borges von einer Landkarte, die genauso groß ist, wie das Gebiet, das sie darstellt.

JS: Dass du eine Außenstehende bist, verschafft dir sicher einen großen Vorteil bei der Auseinandersetzung mit den Methoden der Stasi, besonders mit jenen, die für dich besonders interessant waren. Ich wohne in Leipzig und habe vorher in Dresden gelebt und mir fällt auf, dass die Menschen hier in der Öffentlichkeit nicht wirklich über die negativen Aspekte des SED-Regimes sprechen. In Filmen wie „Das Leben der Anderen" (von dem ich weiß, dass du ihn wegen seines Hollywood-Stils nicht magst), beginnt man nun darüber zu reden, allerdings nur ein wenig. Als Außenstehende hat man die Möglichkeit, Stellung zu beziehen, ohne Gefühle zu verletzen.

DG: Menschen können nicht über Dinge sprechen, die zu schwer auszuhalten sind, das verstehe ich. In Spanien durchleben wir gerade eine sehr schwierige Zeit, was zweifelsohne damit zusammenhängt, dass nach dem Ende (aber nicht dem Sturz) des Franco-Regimes vieles ungesagt geblieben ist. Die wunderbare Billy-Wilder-Komödie „Eins, zwei, drei" bezieht ihren Humor aus dem Unvermögen der Deutschen, über die Zeit zwischen 1939 und 1945 zu sprechen. Und in der DDR glaubte man, dass alle Nazis auf der anderen Seite leben müssten, weil man selbst ja ein kommunistischer Staat war. Es ist also nicht weiter erstaunlich, dass niemand über die Zeit der DDR reden möchte. Und ich bezweifle, dass dies jemals auf ehrliche Weise getan werden wird. (Ich finde unter anderem auch, dass „Das Leben der Anderen" wegen seines in sich widersprüchlichen Plots und des Manichäismus der Charaktere ein sehr *unehrlicher* Film ist.) Warum sollten sie es auch gerade hier tun, wenn die Menschen in Spanien, in Portugal, in Chile, in Brasilien oder in Argentinien es nicht getan haben? Oder in den Vereinigten Staaten, wenn wir schon einmal dabei sind?

JS: Vor ein paar Tagen habe ich mich mit einer Frau unterhalten, die in West-Berlin studiert hat (ich glaube in den 80ern) und häufig in die DDR gereist ist, um Freunde zu besuchen und die Ferien mit ihnen zu verbringen – aus diesem Grund bekam sie immer mit, was auf der anderen Seite der Mauer vor sich ging. Einmal wurde ihr sogar die Einreise in die DDR für eine Dauer von drei Jahren untersagt. Sie sei überzeugt davon, erzählte sie mir, dass es mindestens noch eine Generation dauern wird, bis die Unterschiede aus der Vergangenheit irgendwie überwunden sind. Es ist interessant, dass die Unfähigkeit, Dinge auszusprechen, offenbar auch eine Überlebensstrategie ist. Das erklärt, warum die Menschen, die ihre Akten bei der BStU einsehen wollen, psychologische Unterstützung bekommen. Man sagt, dass das mehr als notwendig sei.

Die Motive Überwachung, Kontrolle, Kommunikation, Gestik und Sprache tauchten auch schon in deinen früheren Arbeiten auf. Das Filmmaterial von der BStU und die Recherchen zur Stasi müssen sehr aufschlussreich für dich gewesen sein. Was hat dich dazu gebracht, dich für diese Themen zu interessieren? Das Phänomen Überwachung findet man ja auch häufig in der öffentlichen Diskussion wieder: Überwachung der Privatsphäre und dergleichen. Interessieren dich bei diesem Thema hauptsächlich die Aspekte des Rollenverhaltens und der Abhängigkeit?

DG: Es stört mich, wenn gesagt wird, meine Arbeit habe mit Überwachung zu tun. Ich interessiere mich nicht für das von Überwachungskameras gefilmte Material, weil es einen totalitären Zustand dokumentiert (was es zweifelsohne tut) oder weil es einen Angriff auf meine Privatsphäre als Bürger darstellt (was auch stimmt), sondern weil es ein erzählerisches Genre ist. Der jüngste Film von David Lynch, „Inland Empire", beginnt mit einer Szene, die mit einer Überwachungskamera gefilmt wurde – die Gesichter der Personen sind verschwommen und ihre Stimmen verzerrt. Der daraus resultierende Effekt ist erschreckend, dieses Material scheint – genauso wie die Stasi-Videos – direkt aus dem Unterbewusstsein zu kommen. Es ist ein traum- oder albtraumartiges Genre. Sogar die Schnitte, die Struktur und die Begleitkommentare wirken so, als entstammten sie unseren tiefsten unterbewussten Ängsten. Und seit ich Foucaults „Überwachen und Strafen" und Kafkas „In der Strafkolonie" gelesen habe, interessiere ich mich sehr für die komplexe Beziehung von Staat und Individuum, weil sie auf vielerlei Art Familien- und Liebesbeziehungen widerspiegelt. Die Fraktalisierung von Macht. Ja, genau, in diesen Gegensatzpaaren: Individuum/Staat, Vater/Sohn, Opfer/Täter; die Rollen sind nie vollständig definiert. Es besteht immer eine Symbiose, eine beiderseitige Abhängigkeit. Das Ganze ist ein Spiel im Sinne Eric Bernes und dessen Buch „Spiele der Erwachsenen".

JS: Deine Nachforschungen in Leipzig führten dich sozusagen direkt zu deinen wesentlichen Interessen: zum Beispiel zum narrativen Aspekt der Überwachung. Als Künstlerin bedienst du dich verschiedenster Medien: Installation, Performance, Text, Video etc. Bei deiner Leipziger Arbeit *Zimmer, Gespräche* hast du dich für den Film entschieden. Waren die erzählerischen Möglichkeiten dieses Mediums der Grund für diese Wahl? Du wolltest mit Leipziger Schauspielern in einer Leipziger Wohnung arbeiten. War das wegen der Authentizität sehr wichtig für dich?

DG: Ich wollte eine Geschichte erzählen, ich wollte mit Figuren arbeiten und das Ganze sollte in deutscher Sprache sein. All dies wusste ich sicher, mit der Klarheit einer Offenbarung. Mehr als auf Authentizität – in der Art, wie eine historische Rekonstruktion authentisch sein sollte – kam es mir auf Wahrhaftigkeit an, in der Art, in der ein Roman wahrhaftig ist.

JS: Wie bist du bei der Drehbuch-Entwicklung vorgegangen? Offensichtlich spielen Sprache und Körpersprache eine sehr große Rolle in den Gesprächen zwischen dem Führungsoffizier und dem IM. Ich weiß, dass du Deutsch sprichst, aber ich nehme an, dass es für Ausländer schwierig ist, die feinen Nuancen zu verstehen. Wie hast du diese Aufgabe bewältigt?

DG: Das war ein Wunder. Nur eine Idiotin wie ich konnte auf die Idee kommen, mit ihrem Ultra-Grundwissen in dieser Sprache ein Drehbuch auf Deutsch zu schreiben, auch wenn ich auf sehr viel Hilfe anderer Leute zählen konnte. In der ersten Woche haben wir (Sybille Cornet, die mir bei den SchauspielerInnen geholfen hat, und ich) überhaupt nicht geschlafen, weil das ursprüngliche Drehbuch jeden Tag geändert werden musste, damit es authentisch, aber nicht realistisch klingt. Es war eine Arbeit der Annäherung, des Ausprobierens, wofür ich nun in der Schuld der SchauspielerInnen stehe, die ganz deutlich - und nicht immer allzu höflich - gesagt haben, was sie von dem Skript halten.

JS: Hat deine Filmcrew jemals über ihre Erfahrungen mit der Stasi gesprochen? Wurde das am Set jemals thematisiert?

DG: Katarina Schröter, die aus Westdeutschland stammt, hat mir ein paar lustige Anekdoten darüber erzählt, wie sie sich als Kind die DDR vorgestellt hat - voll armer, hungriger Menschen mit Vitaminmangel, deren Kinder diesen seltsamen paramilitärischen Gruß „Immer bereit!" lernen müssen. Kathleen, unsere Koordinatorin, erzählte von weitaus dramatischeren Erfahrungen, die mit Freundschaft und Verrat zu tun hatten. Unser männlicher Hauptdarsteller wusste etwas darüber, welche Geschenke die Stasi ihren IMs anbot, aber er sagte nicht, woher er diese Informationen hatte. Ja, das Ganze wurde auf jeden Fall thematisiert.

JS: In deinem Film *Zimmer, Gespräche* wird deutlich gezeigt, wie abhängig und gefangen die Menschen sind. Wie repressiv die Umstände sein müssen, dass „es keinen echten Kontakt geben kann" und gesagt wird: „Wir haben uns alle in einem Traum getroffen. Sie haben sich nie entschlossen, mit uns zusammenzuarbeiten, es war beschlossene Sache, Deus Ex Machina: Höhere Wesen befahlen." Du erwähnst natürlich niemals die Stasi oder die DDR. Die Handlung lässt sich in Bezug auf Ort und Zeit schwer festlegen. Die Zuschauer bekommen zwar aufgrund der Möbel und der Architektur Hinweise, aber es lässt sich von außen betrachtet trotzdem nicht leicht definieren. Möchtest du das ausdrücklich offen lassen?

DG: Ich möchte das offen lassen. Das ist meine Art zu arbeiten. Ich bin nur an sexuellen Spannungen interessiert, wenn es unmöglich ist, deren Ursprung zu bestimmen oder diese zu lösen. Es bestehen sexuelle Spannungen zwischen den drei Protagonisten, aber man weiß nie genau, wo man sie hinstecken soll. Sind sie Vater, Tochter, Freund? Sind sie Lehrer, Schüler? Sind sie Geliebte, alle drei? Sind sie Geliebte und ein alter, eifersüchtiger Ehemann? Hatten sie eine Beziehung? Werden sie eine haben? Wer kontrolliert wen? Sind wir in der DDR oder in „1984" oder in „Fahrenheit 451"? In der Zukunft oder in der Vergangenheit? Dadurch, dass nichts passiert, wird der Film zum Krimi. Das gefällt mir.

JS: Du hast den Film schon häufig an verschiedenen Orten außerhalb Deutschlands gezeigt. Mich interessiert die Reaktion des ausländischen Publikums. Kannst du ein wenig von diesen Erfahrungen und den Reaktionen erzählen?

DG: Ich habe festgestellt, dass die Leute den Film ansehen und verstehen und ihn sogar mögen, auch wenn sie wenig über den historischen Hintergrund wissen. Fassbinder und Beckett wurden als mögliche Bezüge benannt. Das kam von den Zuschauern. Ich hatte die beiden niemals im Sinn, während ich an dem Projekt arbeitete.

JS: *Glass Wall Random* und *Proxy*, zwei deiner früheren Werke, beschäftigen sich ebenfalls mit der Beobachtung von Verhaltensweisen. In einem davon gibst du dem Publikum Anweisungen. Im anderen hält sich ein Schauspieler den ganzen Tag über in den Räumen einer Ausstellung auf. Die Zuschauer werden damit und mit sich selbst konfrontiert, wie auch in *Zimmer, Gespräche*. Sie haben keine Gewissheit, noch nicht einmal darüber, ob etwas unwichtig ist oder nicht. Ob es Kameras gibt, ob es eine Bühne gibt - oder ob die Ausstellung in ihren Alltag übergeht, ob sie von anderen observiert werden oder ob es genau andersherum ist. Und was ist verdächtig und was nicht? Oder das Ganze führt sie in die Vergangenheit. Insbesondere hier in Leipzig in einer Ausstellung, die sich nicht vordergründig mit der Stasi befasst, sondern nur auf den zweiten Blick mit dem Thema zu tun hat und gleichzeitig Fiktion und Absurdität beinhaltet.

DG: Eines der vielen faszinierenden Prinzipien, die die Stasi bei Rekrutierung und Ausbildung ihrer IMs anwendete, war das sogenannte Mosaikprinzip, nach dem ein Beobachter niemals erfahren durfte, was genau er observieren sollte und warum. Man glaubte, dass die Aufmerksamkeit eines IMs eingeschränkt wäre und ihm entscheidende Details entgehen könnten, wenn er bei der Beobachtung eines bestimmten Hauses genau gewusst hätte, worauf er achten soll. Deshalb musste alles berücksichtigt und alles notiert werden und der Führungsoffizier entschied dann, was relevant ist und was nicht. Das hatte zur Folge, dass für den Beobachter absolut jedes Detail wichtig und signifikant wurde. Das erinnert mich auch wieder an die Literatur, an die Regeln der Beobachtung beim Entwurf von Charakteren und an den Protagonisten in „Funes el memorioso", einer Kurzgeschichte von Borges, in der ein Mann sich an absolut alles erinnern kann. Eine Welt, in der alles eine Bedeutung hat, ist einfach zu intensiv, um sie zu ertragen; aber auch hier besteht ein Bezug zur Realität von Träumen, in denen alle Dinge, die auftauchen, einen Zweck haben.

JS: Im Falle von Borges führt dieses absolute Gedächtnis zu Unbeweglichkeit und Stagnation. Eine Welt ohne Prioritäten! Auch das ist interessant im Hinblick auf deine Ausstellung. Erinnerst du dich noch daran, als du zu mir sagtest: Hab keine Angst vor Leere! Wir sprachen über die Räumlichkeiten und ich befürchtete, dass wir sehr viel Platz haben würden, wahrscheinlich zu viel Platz. Jetzt sehe ich das anders. Und ich bin mehr als überzeugt davon, dass genau dieser offene Raum uns dabei helfen wird, allem eine Bedeutung zuzuschreiben - sogar der Leere.

In deinem Antrag für das Blinky-Palermo-Stipendium gehst du auf Michael Rutschkys These einer erfundenen DDR ein. Er kommt zu der Erkenntnis, dass die neue DDR eine DDR der mündlichen Überlieferung ist, die erst entstand, als die Mauer schon gefallen war. Könnte diese Gesellschaft eine fiktionale DDR erschaffen? Inwiefern ist dieser Fiktionsaspekt für dein Leipzig-Projekt von Bedeutung?

DG: Fiktion ist das Schlagwort in diesem Projekt. Ich wollte nicht die historische Rekonstruktion eines wirklichen Treffens erschaffen [In *Zimmer, Gespräche*] und ich möchte auch nicht versuchen, den Leipzigern etwas zu erzählen, worüber sie sehr viel mehr wissen als ich. Ich möchte nicht die Vergangenheit wiederentdecken, dafür bin ich nicht die Richtige, mir fehlen die elementarsten Qualifikationen. Ich möchte eine Geschichte erzählen, das ist alles, und ich möchte das Material, das ich gefunden habe, in Form einer Geschichte präsentieren, es soll seinem eigentlichen Sinn (der Unterdrückung von Bürgern eines Staates) enthoben und auf eine andere Art gelesen werden. Und ich glaube, dass diese abstraktere Art der Interpretation notwendig ist, weil sie das Erinnern zulässt. Es ist nicht so, wie es wirklich war, sondern wie ich es in meiner Erinnerung (an etwas, was ich nie erlebt habe) entwerfe, und auf diese Weise mache ich es für andere lesbar.

JS: Du hast eine Geschichte geschrieben, die aus - man könnte sagen - *bekannten* Elementen besteht. Vielleicht bekannt, aber zuvor nicht gesehen. Mich interessiert, wie das auf das Publikum wirkt - auch bezogen auf das gefundene Material, auf die Fotos und Filme, die du einsetzt. Videos mit den Titeln *window, door, car, couple* ... werden in der Galerie gezeigt. Man sieht körnige, unfokussierte Filme: offensichtlich Material, das du gefunden hast. Menschen werden heimlich observiert - durch Fenster und Vorhänge hindurch. Kryptische Botschaften versuchen, den Szenen irgendeinen Sinn zu geben: „01 und 02 bei 04. MC teilt 95 - 98. Inhalt 2000." Die Texte wurden nach dem Vorbild der Stasi-Nummerncodes für alltägliche Aktivitäten geschrieben. Die Faszination liegt in der Banalität, die entsteht, wenn wir die Dinge losgelöst vom geschichtlich-politischen Hintergrund sehen. Auf welche Weise verwendest du das Material?

DG: Ich betrachte es als „gefundenes Filmmaterial" und meine Bearbeitung beschränkt sich auf die Auswahl, das Editieren und das Betiteln. Ich habe narrative Filme daraus gemacht, die mich an Warhol, Lynch, Ballard, Bradbury, Cronenberg denken lassen. Da ist etwas Grausames in ihnen, *terribilitá*, ausgehend von ihrer Unsinnigkeit, Banalität und davon, dass nichts geschieht. Sie repräsentieren die Zeit von Anfang bis Ende, Zeit, die mit dem Tod endet, sie stellen einen Countdown dar. Ich habe sie gefunden und wusste, dass sie das waren, wonach ich gesucht hatte.

JS: Die Frage nach Fiktion oder Realität spielt auch in dem Werk *Instant Narrative* eine Rolle, das ebenfalls in der Galerie gezeigt wird. Die BesucherInnen sind Teil dieser Arbeit, anfangs ohne es zu wissen. Du engagierst einen Schauspieler oder einen Autoren, der dann an der Rezeption sitzt und aufschreibt, was am Museumseingang vor sich geht. Diese Person ist hauptsächlich dazu da, die BesucherInnen zu beschreiben - von ihrem Outfit bis hin zu ihrem Verhalten. Es gibt keine Kamera, die beobachtet und aufzeichnet. Hier sitzt eine Person, die *beschreibt*. So wie die Stasi das Alltägliche beschrieb. Im Grunde ist *Instant Narrative* wie eine Theater- und Live-Performance. Ein bisschen Poesie. Und wieder einmal eine Erzählung!

DG: Nun ja, Stasi-Texte als Poesie zu betrachten, finde ich pornographisch. Die Stasi ist nicht Poesie und nicht Fiktion, sie ist kein Theater und keine Live-Performance. Die Stasi ist eine Aberration. Aber die Videos, die ich hier zeige, sind nicht von der Stasi gemacht worden, sondern von einzelnen Personen, die andere Personen porträtieren, und warum sie dies taten und wie, das ist interessant und das macht die Geschichte aus.

JS: Zu der Ausstellung wird es ein begleitendes Filmprogramm geben, bei dem DEFA-Filme gezeigt werden. Wir spielen auch „Die verlorene Ehre der Katharina Blum" und „Fahrenheit 451" von Francois Truffaut. Der letztgenannte Film ist auch Namensgeber für eine deiner Arbeiten aus dem Jahr 2002. Welche Rolle spielt diese Installation von 2000 rückwärts gedruckten, auf einem Tisch ausgebreiteten Ausgaben des Buches „Fahrenheit 451" von Ray Bradbury innerhalb der Leipziger Ausstellung?

DG: Das ist eine Arbeit aus dem Jahr 2002, entstanden, lange bevor ich irgendetwas über die Stasi wusste. Nun erlangt sie eine neue Bedeutung. Der Roman von Ray Bradbury spielt in einer Parallelwelt, in der der Staat Bücher als Gefahr ansieht, weil sie freies Denken und Individualismus symbolisieren. Man verbrennt sie und diejenigen, die lesen, werden verfolgt. Der Staat behauptet, dass er seine Bürger vor der Unzufriedenheit schützen will, die das Denken mit sich bringt. Diese Art von Paternalismus finden wir auch in realen Staaten, die SED-Diktatur war nur einer von ihnen. Das Buch ist falsch herum gedruckt, damit es notwendig wird, sich damit vor einen Spiegel zu stellen, um es in seiner wahren Form zu sehen. Doch in diesem Moment sieht man dann sich selbst nur als ein Bild. Es ist eine Art Wirbel, etwas was die Dinge umkehrt.

JS: Du verwendest das neue Gebäude der GfZK als ein Story Board. Die riesigen Fenster werden zu Bildschirmen, die Szenen des Films zeigen. Auf einem anderen kann man dazugehörige Zitate lesen. Wie würdest du die Dramaturgie der Ausstellung beschreiben?

DG: Ich habe versucht, den Rechercheprozess zu rekonstruieren, indem ich den Film auf der zentralen Projektionsfläche zeige und eine Geschichte erzähle, die mit einem Werk aus 2002 beginnt [*Fahrenheit 451*], dann zeige ich verschiedene Dokumente, die ich während meines Leipzig-Aufenthaltes gefunden und bearbeitet habe und schließe mit einem Werk von 2006 [*Instant Narrative*], in dessen Verlauf unser Besuch vom ersten Moment an aufgenommen wurde.

Julia Schäfer, *1972, seit 2001 Kuratorin und Kunstvermittlerin an der Galerie für Zeitgenössische Kunst Leipzig, seit 2006 Lehrauftrag an der Burg Giebichenstein (UNI) in Halle, 2000 Assistenz am New Museum of Contemporary Art, New York, 1999-2001 freie Mitarbeiterin am Kunstmuseum Wolfsburg.

**Ingrid Poss,
Peter Warnecke (Hg.)**

**Spur der Filme.
Zeitzeugen über die DEFA
Ch. Links Verlag, Berlin
2006**

Seite 495
Peter Kahane, Regisseur

Das Land ist zusammengefallen. Die Adresse Babelsberg ist weg. Dieses Studio gibt es nicht mehr für uns. Wir sind entlassen worden - damit ist der Zusammenhalt eigentlich verschwunden. Wenn er tiefer gewesen wäre, hätte er vielleicht auch länger gehalten. Es gibt zwar noch ein paar Leute, die sich treffen, man sieht sich, aber das ist relativ selten. Natürlich hängt diese Verstreuung nicht nur mit dem Ort zusammen, sondern auch damit, dass dich das Eintauchen in dieses neue Leben, in die neue Gesellschaft noch mehr dazu zwingt, deine Interessen erst einmal allein durchzusetzen. Das ist eine Sache, die mich immer wieder berührt. Ich merke, man verliert tausend Fäden, und es kostet sehr viel Mühe, so ein paar Verbindungen aufrechtzuerhalten. Das ist auch ein Zeichen dieses neuen Lebensgefühls. (...)
Jetzt habe ich eine ganz andere Erfahrung gemacht, die steht dem entgegen: Es ist die Erfahrung, dass man im Grunde alles wagen kann. Es stemmt sich, wenn sich die finanziellen Sachen regeln lassen, im Grunde nicht viel gegen irgendwelche Projekte, außer eben, dass man die Mittel bekommen muss.
Aber dadurch, dass man von weniger Drückern umgeben ist und mit weniger Enttäuschung belastet ist, sind da erst mal auch weniger große Träume, und du hast das Gefühl, du bist an einem Ort, wo jeder alles sagen kann, wo alle auch viel reden, aber nur wer am lautesten redet, erheischt vielleicht Aufmerksamkeit. Da ist es natürlich verdammt schwer, zu Wort zu kommen, besonders wenn man Sachen zu sagen hat, die man selbst für wichtig hält und andere nicht. Das ist eine ganz neue Situation.

Seite 498
Kurt Maetzig, Regisseur

Ich bin weder ein Anpasser gewesen noch ein Rebell, denn bei beiden impliziert man eigentlich, dass sie im Grunde gegen das Regime sind. Der eine, trotz seiner Gegnerschaft, schmiegt sich an, und der andere lässt seiner Gegnerschaft im Protest freien Lauf. Beides stimmt nicht. Mein Verhältnis zu diesem Staat bestand von Anfang bis Ende in Zustimmung und Kritik.
Am Anfang begann es mit vollständiger Zustimmung, und am Ende war es fast vollständige Ablehnung und Opposition. Aber immer ist es eine Mischung aus beidem gewesen, die sich nur im Lauf der Zeit immer mehr verändert hat. Und das bestimmt mein Leben, das bestimmt meine Filme, und ich bin ganz froh, dass man das an meinen Filmen selbst beweisen kann, ich mich also im nachhinein nicht ein bisschen aufschminke, um der Gegenwart besser zu gefallen. (...)

Heute würde ich einen Film machen, der um gegenseitiges Verständnis wirbt. (...) Mein Lieblingsphilosoph war immer Montaigne, und die Philosophie der Toleranz, der Mäßigung und der Selbstkritik ist mir immer ungeheuer nahe gewesen. Und ich glaube, es wäre mir sehr wichtig, das heute den Menschen vieler Länder in einem Film nahezubringen. Denn ich bin entsetzt und erschrocken darüber, wie Dinge, die ich dem Denken nach ganz für Vergangenheit hielt - wie zum Beispiel kriegerische Auseinandersetzungen aus nationalistischen Gründen, also etwas, was mir völlig anachronistisch scheint -, wie das wieder überall um sich greift. Deshalb kommt mir meine eigene Situation auch so vor, wie ich's einmal ein bisschen aphoristisch gesagt habe: Ich hab' die Zukunft hinter mir und gehe vorwärts in die Vergangenheit.

Punks, early eighties. BStU archive, former MfS archive, German Democratic Republic

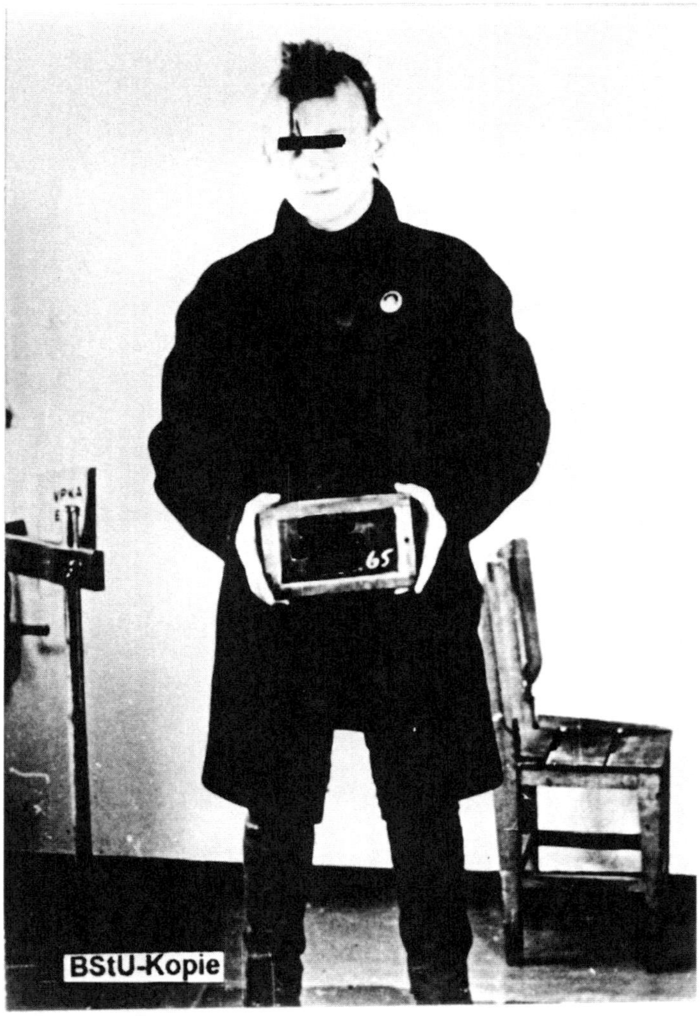

MfS-HA XX/Fo/850 - Bild 12

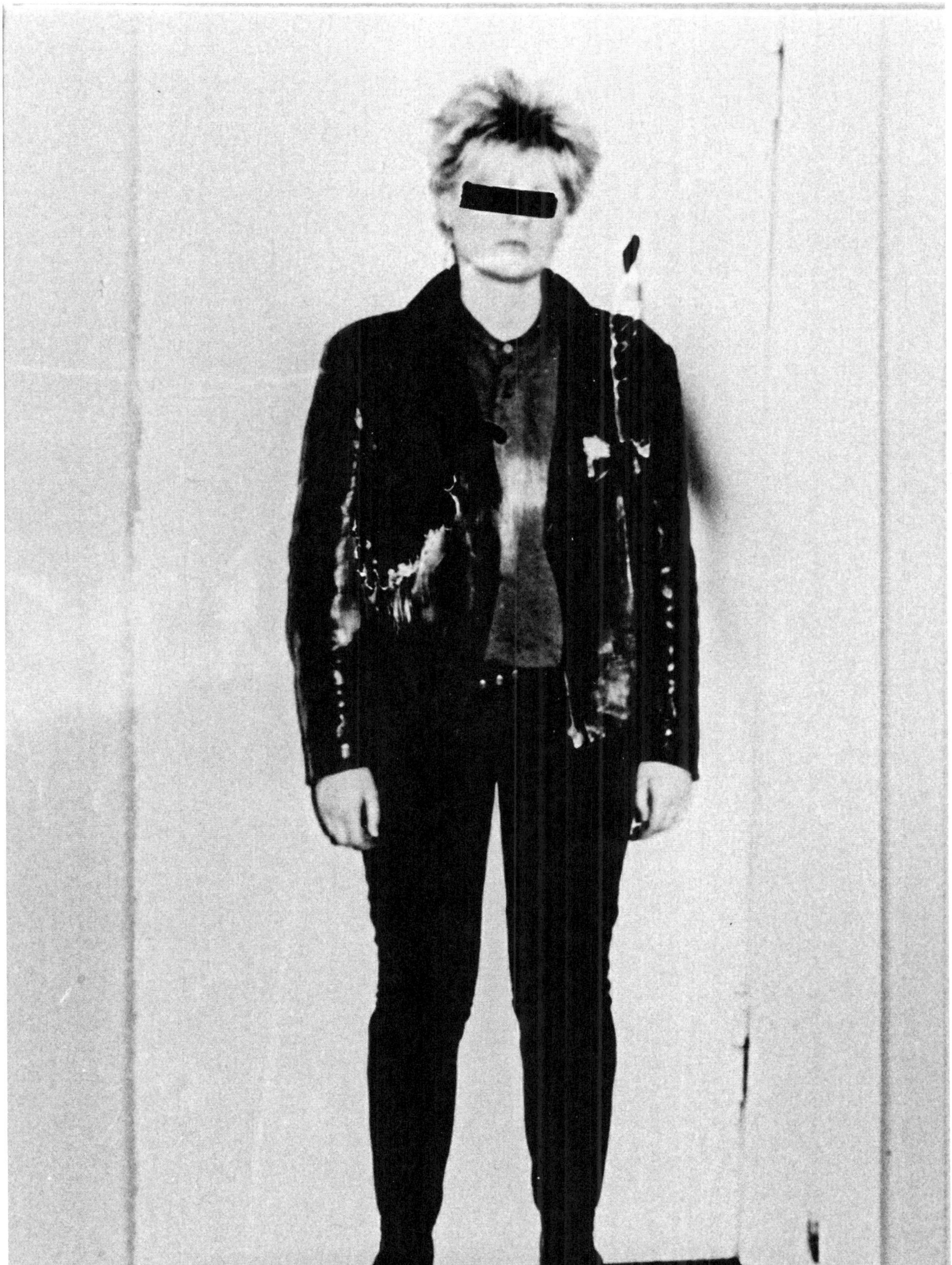

BStU-Kopie MfS HAXX /Fo/ 850 Bild 9

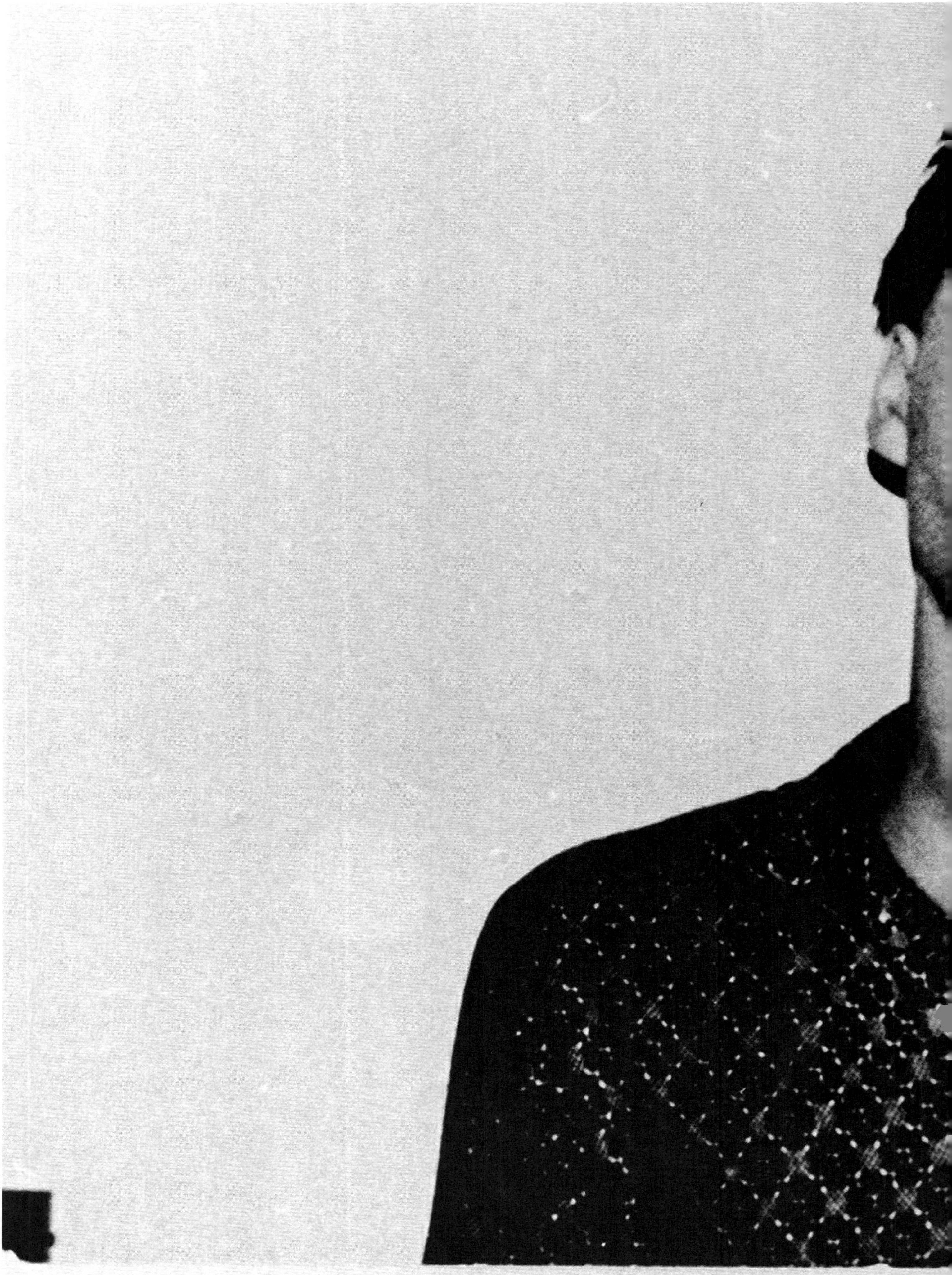

BStU-Kopie MfS-HA XX/Fo/850 B

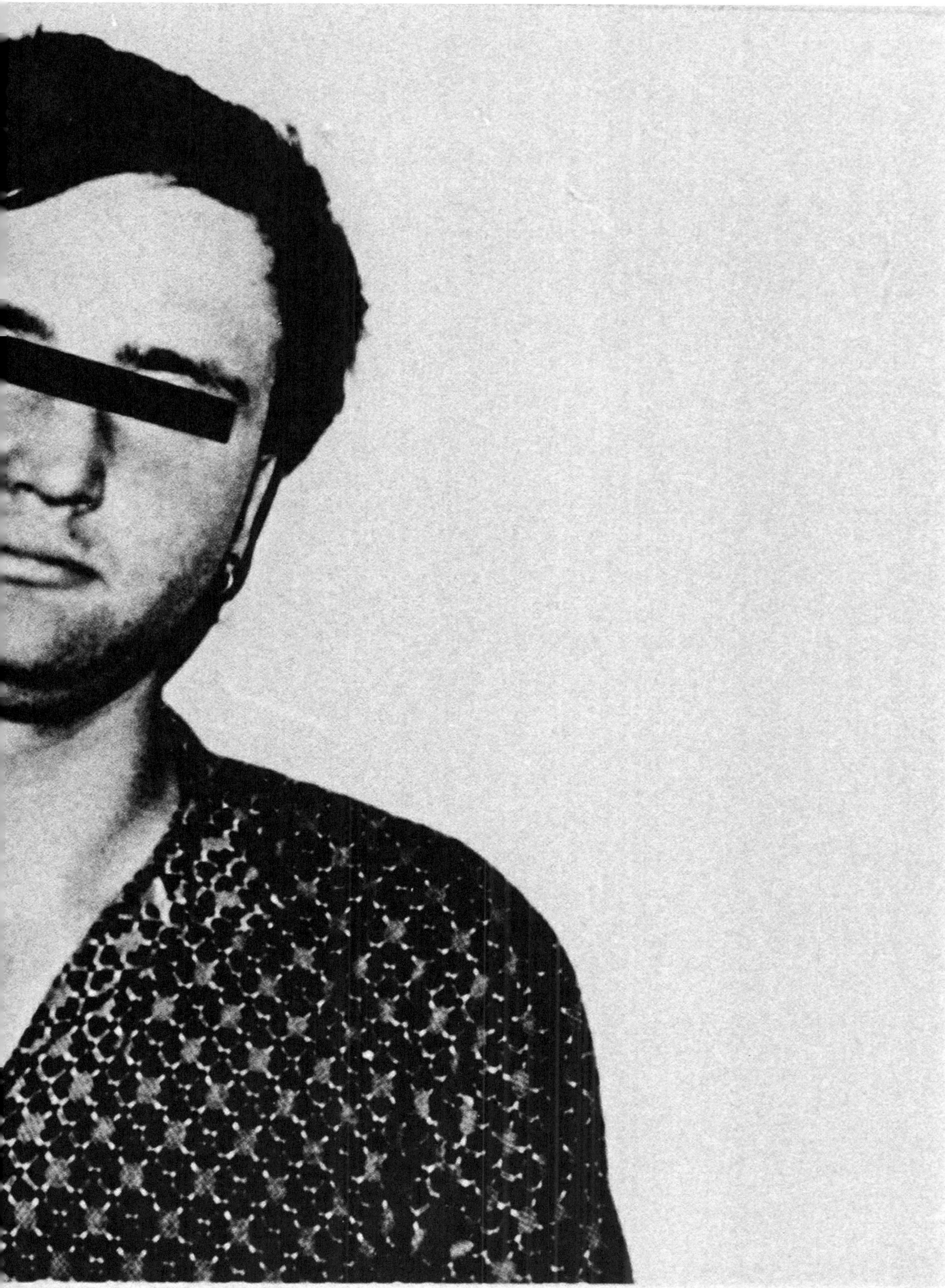

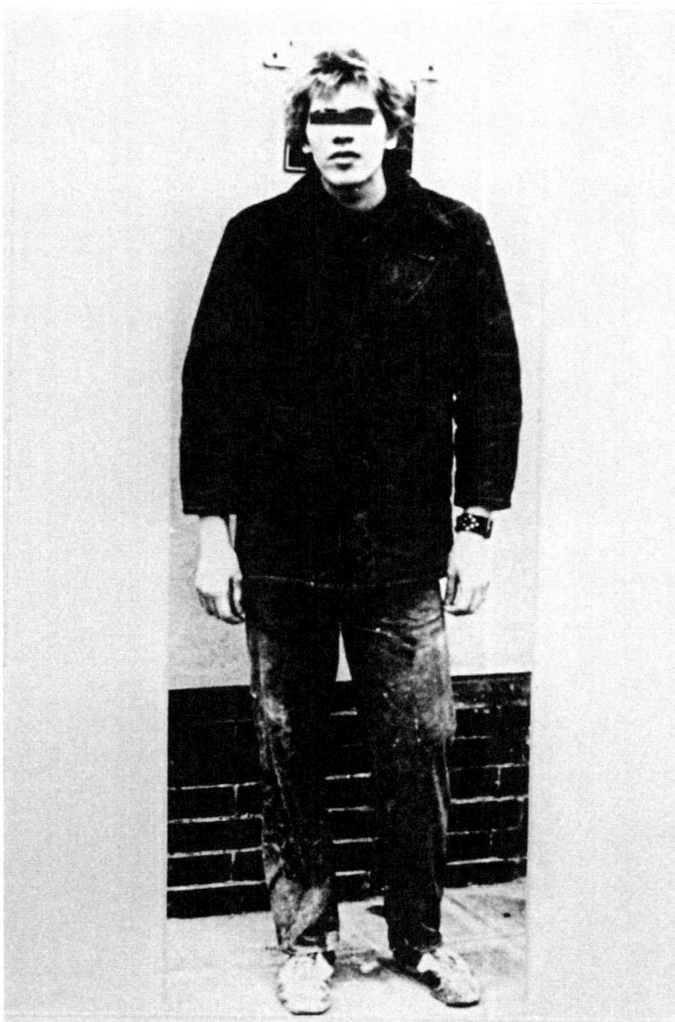

BStU-Kopie MfS-HA XX/Fo/850 Bild 10

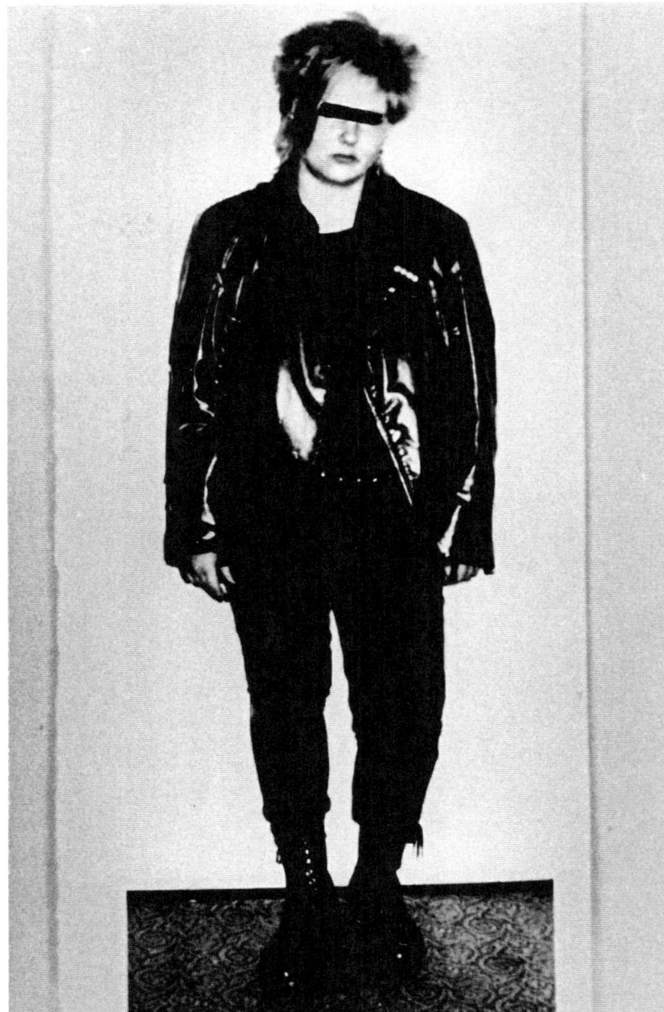

BStU-Kopie MfS HAXX /Fo/ 850 Bild 11

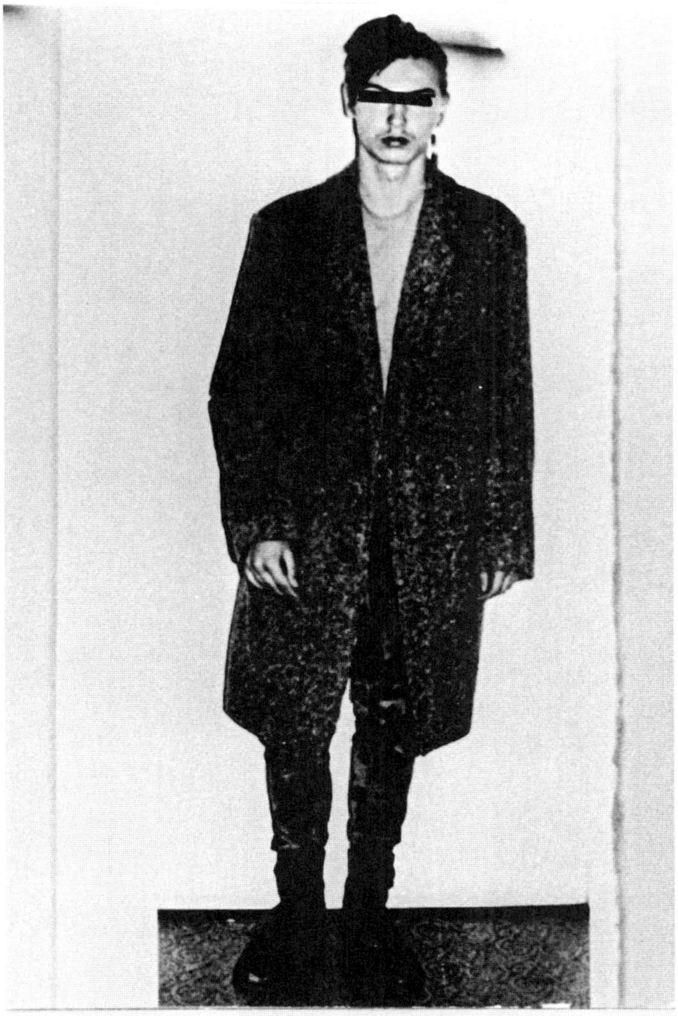

BStU-Kopie MfS HAXX /Fo/ 850 Bild 1

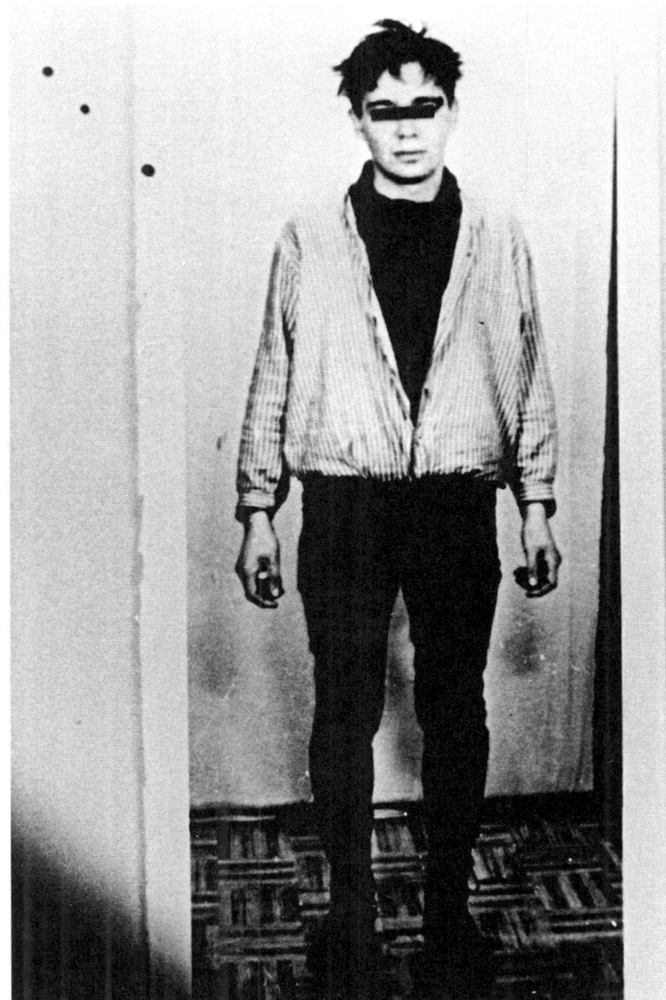

BStU-Kopie MfS-HA XX/Fo/850 Bild 8

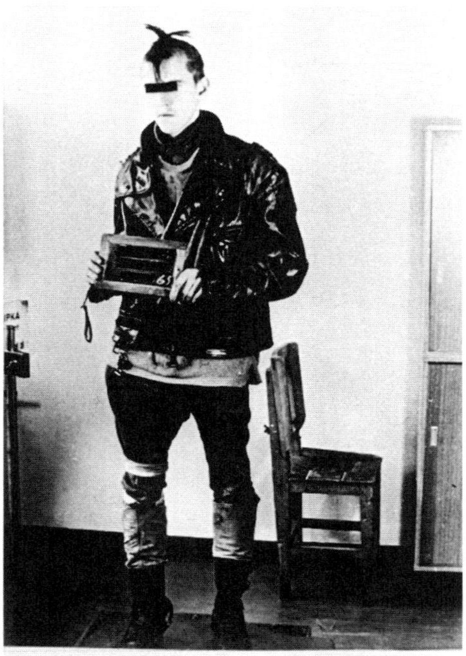

BStU-Kopie MfS-HA XX/Fo/850 Bild 3

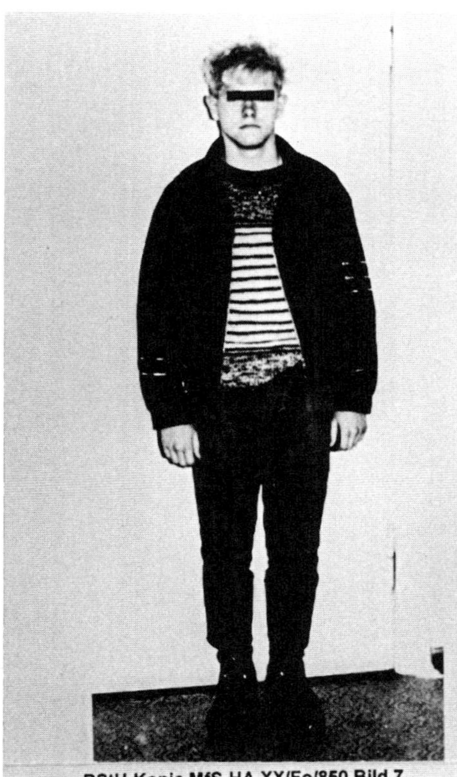

BStU-Kopie MfS-HA XX/Fo/850 Bild 7

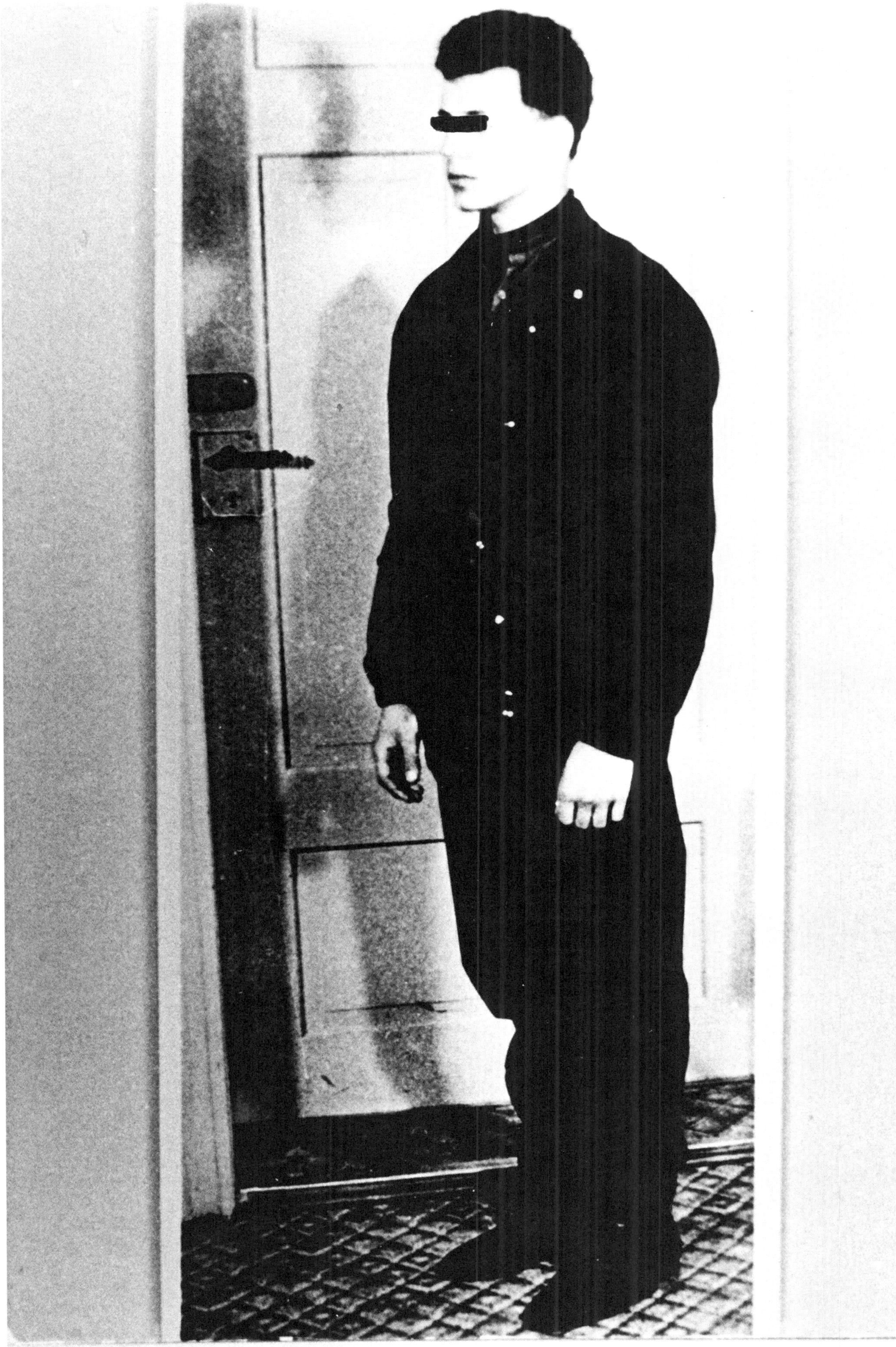

BStU-Kopie MfS HAXX/Fo/ 850 Bild 4

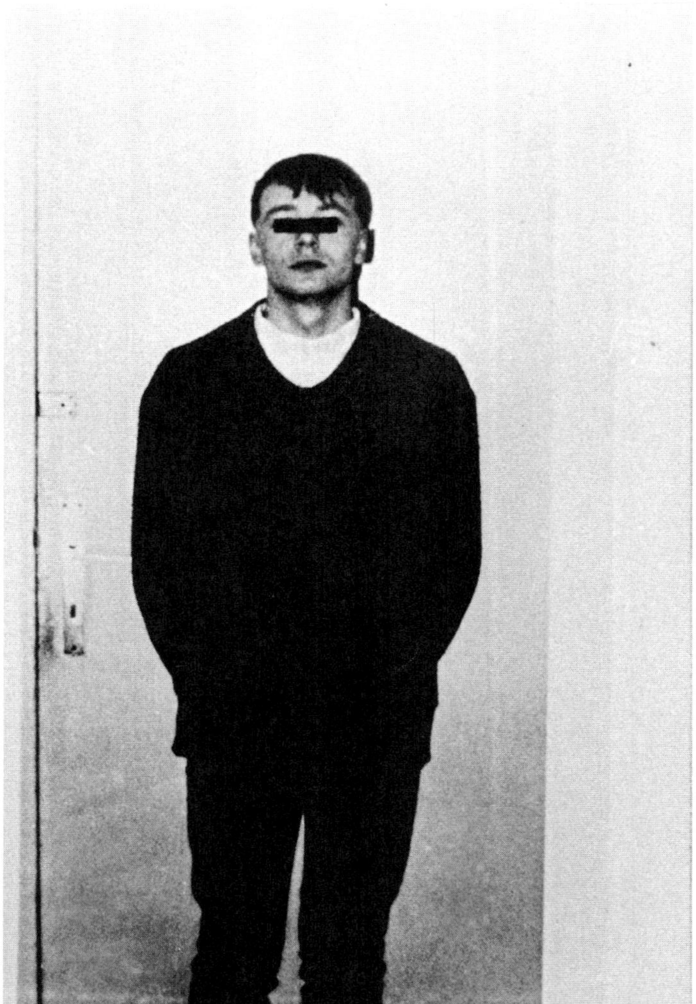

BStU-Kopie MfS-HA XX/Fo/850 Bild 13

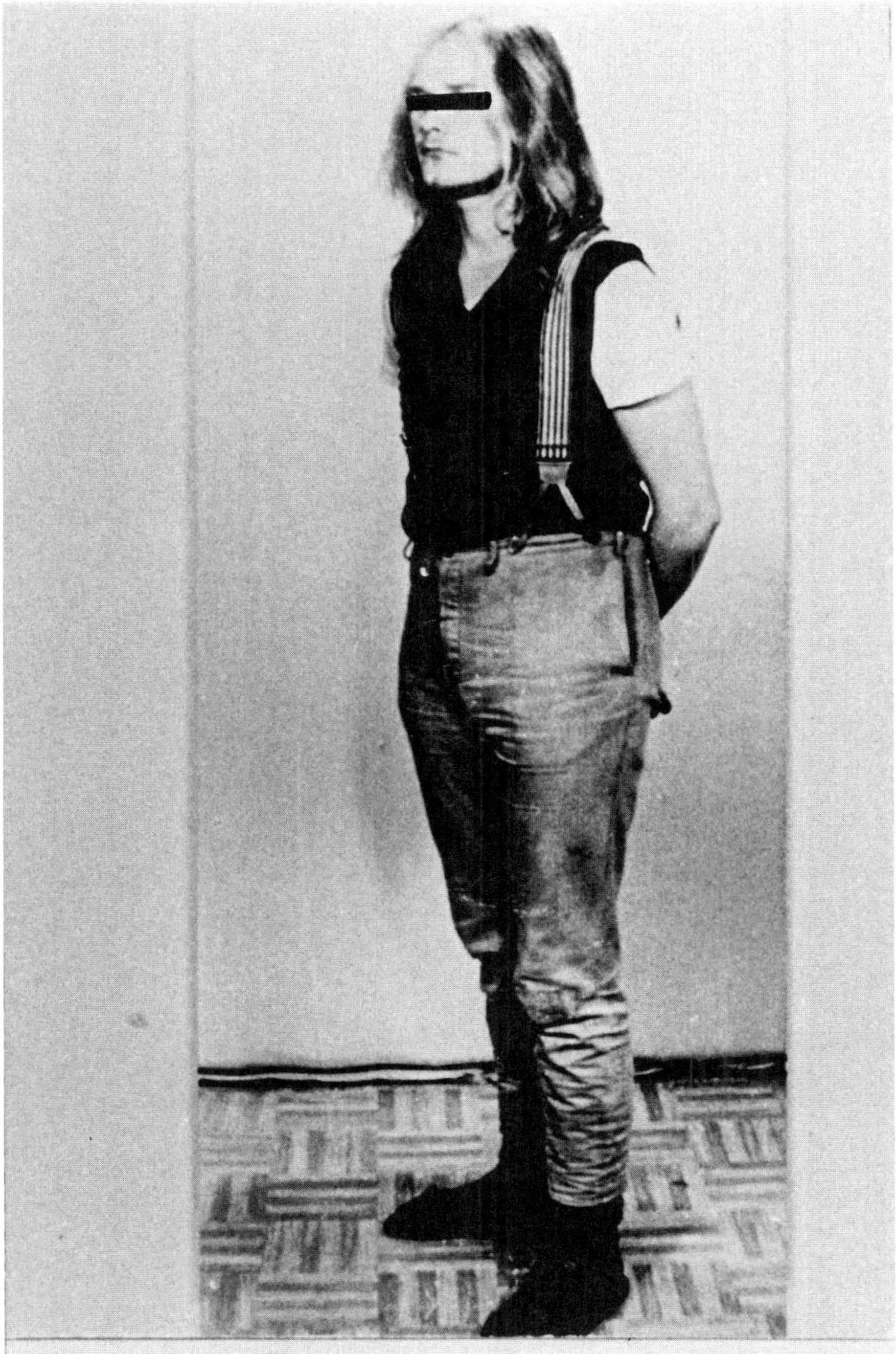

BStU-Kopie MfS HAXX /Fo/ 850 Bild 5

Wolfgang Hilbig
„Ich“
Roman
Fischer Taschenbuch Verlag
Frankfurt am Main,
November 1995

Seite 38

Die meisten guten Gedanken kommen vom Gegner. Es kommt aber darauf an, sie zu verändern …

Seite 44

Und sich nicht mehr zerstreuten? - Ich lebte in einer Welt der Vorstellung … immer wieder konnte es geschehen, dass mir die Wirklichkeit phantastisch wurde, irregulär, und von einem Augenblick zum andern bestand die Ruhe für mich nurmehr in einer unwahrscheinlich haltbaren Simulation. Dies war kein Wunder, wir lebten schließlich andauernd unter dem Druck, ein Verhalten in Betracht ziehen zu müssen, das womöglich gar nicht existierte. Es war ein Zwiespalt, in dem wir lebten: wir betrieben ununterbrochen Aufklärung, inwiefern sich die Wirklichkeit unseren Vorstellungen schon angenähert hatte … aber wir durften nicht glauben, dass unsere Vorstellungen wirklich wahr werden konnten. Nein, wir glaubten unseren eigenen Vorstellungen nicht, denn wir klärten ununterbrochen auf - für uns selber! - dass es keinen Grund gab, ihnen Glauben zu schenken, den Vorstellungen.

Seite 70

Feuerbach hätte es weit von sich gewiesen … Ich bin nicht Ihr Vater, ich bin ein auswechselbarer Zwischenmensch, etwas wie ein Redaktionssekretär mit Ärmelschützern, der auf ihre Chronologien angewiesen ist, mein Lieber! So hätte er sich geäußert. - Es war nebensächlich, jedenfalls hatte W. einen Vater, der dafür sorgte, dass sein Konto nicht ins Bodenlose abstürzte, soviel er auch davon abhob.

Seite 79

Die Firma war die moralischste Institution der Welt, sie registrierte pedantisch jede Verfehlung, die sich entwickeln ließ. Und wenn W. genau überlegte, kam er auf den Gedanken, dass darin ihre einzige und alleinige Funktion zu finden war: im Sammeln strafwürdiger Faktoren, oder solcher, die so aussahen, für jedes von ihr ausgesuchte Subjekt. Und da praktisch jedes Subjekt für den Dienst als Mitarbeiter in Frage kam, war es die nicht-enden-wollende Aufgabe des Apparats, Verhältnisse herzustellen, in denen prinzipiell für *jedermann* ein Reservoir strafwürdiger Faktoren bereitstand. Und wenn der utopische Zustand eintrat, in dem keine Vergehen mehr vorkamen, oder kaum noch welche, dann musste das Limit auf ein immer niedrigeres Maß gedrückt werden, so dass schließlich fast jede Handlung als ein Vergehen gewertet werden konnte.
(…)
Es konnte natürlich keinesfalls um die Bestrafung von *jedermann* gehen, es ging um die Dienstverpflichtung von jedermann. Nur so war die Frage nach dem Ziel jedes der Vorgänge zu beantworten, nur aus diesem Grund waren sie installiert worden … jeder Vorgang hatte nur das Ziel, eine möglichst lange Reihe (am besten eine unendliche Reihe) weiterer Vorgänge nach sich zu ziehen, und jeder Vorgang musste mit der Einreihung in den Dienst der Organisation enden.

Seite 154

Offenbar ging es in dieser Republik nur und immer um diese Dinge … alles Reden war nur Vorwand für das einzige Thema: Ob jemand die Absicht habe, das Land zu verlassen, oder nicht. Es war dies offenbar zum Hauptkriterium dafür geworden, wie das Dasein eines Menschen zu beurteilen sei. Die Frage nach dieser Absicht - Hierbleiben oder Nicht-Hierbleiben - beherrschte das allgemeine Bewusstsein ganz und gar (und die Frage war längst zu einer Paraphrase auf Hamlets Monolog geworden); das Nachdenken über diese Frage war zum alleinigen gemeinsamen Wesenszug eines ganzen Volks geworden.

Seite 204

Freilich nicht nur für den Dichter, gar nicht so selten auch für uns, sagte er (wieder um einige Tage versetzt). Da haben Sie die Gemeinsamkeit, über die Sie immer wieder nachdenken. Besonders wenn wir die Träume der anderen erfüllen müssen. Seit Biermann und Konsorten weg sind, wird die Welt für uns selber zum wüsten Traum. Wir sind systemerhaltend, und was ist das für ein System, das keinen Widerpart mehr hat. Wohin mit der Machtausübung, frage ich Sie. Wir machen uns damit selber alle, sage ich Ihnen. Meinen Sie, es macht Spaß, immer wieder einen neuen Widerpart aufbauen zu müssen? Wieder neue sogenannte feindlich-negative Kräfte, um das System zu erhalten? Ab und zu sehe ich überhaupt keine feindlich-negativen Kräfte mehr, bei uns im Bereich jedenfalls nicht, aber die Kalkies oben auf höchster Ebene wollen immer wieder welche sehen, sonst stimmt ihr Weltbild nicht mehr. Wir haben das längst nur noch als bloße Formulierung: feindlich-negativ! Aber in der Realität … wo denn, frage ich Sie. Wir leben in einer Welt der Zeichen, mein Freund, ist das etwa keine Gemeinsamkeit?

Narratives of Guilt and Compliance in Unified Germany. Stasi Informers and Their Impact On Society
Barbara Miller
Routledge, London, 1999

Page 9

Wolfgang Thierse argued that the emphasis on the informers in the debate over the Stasi legacy was undesirable, that the phenomenon was quite simply "banal" and should not be sensationalised (J-95, p. 30). He appealed to the general public to stop thinking of former Stasi informers as "some kind of strange demonic baddies, criminals, swines" but to realise that they were friends, neighbours, and even relatives (ibid.). It is, however, precisely this aspect of the informer network, its banality and the fact that, whether imagined or real, it was a feature of the day-to-day reality of many GDR citizens, which ensures the public's fascination with it.

J- 95: Thierse, W., "Mut zur eigenen Geschichte: Lehren aus der Vergangenheit"

Page 13

The files are a dangerous mixture of fact and fiction. (Vera Wollenberger, J-107, p. 162)
J-107: Wollenberger, V., "Eine zweite Vergewaltigung"

Page 20

Informers were thus not distributed evenly among the population but were recruited according to the "Focusing Principle", defined in the Stasi's dictionary of key terms as follows:

"Focusing Principle - important basic principle of the politically operative work and the management thereof aimed at guaranteeing that actions aimed at clarifying and combating all subversive enemy attacks are goal-oriented and preventative in nature - and are achieved by concentrating all operative forces and means, including the time, technical and financial resources available, on the most important areas of operation, that is on those objects, areas, territories, groups and individuals where preventative security measures are required (F-3, pp. 374-5)."

In accordance with this principle informers were more concentrated in cultural groups, in church-based organisations and in opposition groups. The ratio of informers to non-informers could be fairly high in such groups, but in line with the principle that "each individual is only given as much information as he requires to fulfill his duties" those working for the Stasi were generally unaware of each other's identity and were perhaps not even aware that other informers were active in their immediate environment (F-3, p. 129). Informers were thus often reporting on one another as much as on those individuals being observed in an OPK or OV. The sheer density of informers occasionally made it difficult for a Stasi officer to ensure that those in his care did not become aware of one another's identity.

F-3: "Das Wörterbuch der Staatssicherheit: Definitionen des MfS zur "politisch-operativen Arbeit", ed. BStU, Series A, 1/1993, Berlin

Page 23

Regardless of the specifics of the Requirement Profile, all unofficial employees (IM) were in theory to have considerable interpersonal skills in order to successfully carry out the required duties. One study from the Stasi

college names, among others, the following desired qualities for all informers:
The ability to assess situations
The ability to fully comprehend the political and ideological content and consequences of events
The ability to judge human character and behaviour
The ability to form and preserve relationships based on trust
The ability to observe and take in information on situations and people in a planned and concentrated manner, over a short or long time, as well as the ability to retain and reproduce this information as quickly as possible
The ability to cope with high demands and burdens and to deal with individual doubts and scruples (D-4, I, pp 140-6).

D-4: Korth, W., Jonak, F., and Scharbert, K-O., "Die Gewinnung Inoffizieller Mitarbeiter und ihre psychologischen Bedingungen", 2 vols. JHS, 1973.

Page 41
On motivation
Chapter 3

According to the 1979 guidelines for work with unofficial employees, recruitment strategy could be based upon the candidates' positive political stance, on their personal needs and interests, on the desire to atone for misdemeanours, or on a combination of all three approaches (J-62, p 347).

Page 46

Candidates had been carefully selected for the task and this was made clear to them. The effort, which was invested throughout recruitment and during the working relationship to ensure that they felt at ease, could have a flattering effect, and perhaps gave some candidates the impression that such recruitments were not everyday occurrences. Guidelines from the 1950s suggest that the informers should be made to feel comfortable by being received in a clean and tidy flat and by being offered a little something to eat or drink, and furthermore: "One should not forget to offer female unofficial employees something sweet to eat" (ibid. p. 189).

J-62: Müller-Enbergs, H., "Inoffizielle Mitarbeiter des Ministeriums für Staatssicherheit: Richtlinien und Durchführungsbestimmungen". Berlin: Ch. Links, 1996

Page 47

…and it was agreed that whenever "Theodor" or his Stasi officer wished to contact one another they should incorporate a code phrase into a fitting context within a written or oral communication (C-2a, 1, 142). The use of such code-words or -phrases was common and perhaps helped to stimulate a sense of adventure in some candidates. Both "Thaer" and "Theodor" would, for different reasons, probably have agreed without much further ado to work for the Stasi. The excitement associated with recruitment, and the anticipation of future mental stimulation, was more of an added bonus rather than the principal motivational force.

C-2a: "Theodor": BStU, ZA AIM 5665/85, Personal File, 2 vols., Stasi files.

Page 48

Evidence does seem to suggest that refusing to agree to work for the Stasi rarely led to any negative repercussions for the person concerned. Yet, since this was something which one could only establish after the fact, refusing to work for the Stasi did require a certain amount of courage and potential risk; Martin Schubert managed to dissuade the Stasi officers trying to recruit him by insisting that his wife join them in their meeting and by claiming that he could never keep a secret.
(…)
The Stasi was keen to recruit informers within a positive motivational framework. This served internal ideology and, if successful, meant that the informers were more likely to be reliable. Even in cases where the candidate was to be coerced into agreeing to comply, the guidelines for recruitment emphasise the positive aspect of such co-operation, that is the atonement. A sense of guilt was to be aroused in candidates in order that they felt the need to make good their misdemeanours. There was no room in this terminology for negative concepts such as recruitment on the basis of fear.

Page 54

Indeed, many of the reports on specific individuals to be found in the Stasi files are concerned with apparently trivial information; a key issue is also the question of whether the individual under surveillance led a well-ordered family life. It was, however, precisely this sort of seemingly trivial and banal personal information which could be extremely useful to the Stasi.
(…)
"Theodor", who was requested to get his family life in order when it was discovered that his wife was having an affair with a work colleague of his, compared the morality of the Stasi in the 1960s and 1970s to that of the Catholic Church (A-2).

A-2: Interviews with former Stasi informers, "Theodor", 8 November 1994

Page 59

"And I have to say, that whereas it all had a sort of official character while it was taking place in the town hall, with, yes, we were in a place of work, then we started meeting at a flat in X, that was one of those secret flats, where in the afternoon the table is suddenly set, and we were to be there at 4 o'clock for example, and there's cake on the table, and coffee, and then somehow, you know, you feel something's not right there. That was always the impression I had, you go up the back stairs and are not to be seen beforehand, and you have to be very careful that no one you know sees you. When I went there I was told to say that I was going to a meeting, and it all had a sort of criminal element to it (A-1)."

A-1: Interviews with former Stasi informers, "Rolf", 29 October 1994

Page 63

"For this reason the officer must be aware of the unofficial employee's problems and build up a relationship to him that sees him turning in trust to the officer in personal matters too" (J-62. p. 228). The Stasi officers were then expected to get to know their unofficial employees intimately. In a study for the JHS, Stasi researcher Wardezki designed a detailed table of information about the physical appearance of unofficial employees, which he suggested could be completed by all officers in charge of unofficial employees (D-7, II, pp 59-104). Each part of the informer's face was to be described in detail, and the section under nose alone asked for information on the top, bone, tip, width and height, as well as on any other defining features. There were eleven possibilities to choose from to describe the gait of the person concerned, and numerous habits were listed which he or she might engage in, such as the picking of nose and/or ears, and the rubbing of ears and/or hands. The fact that Wardezki would even dream up this rather unrealistic chart indicates that it was considered self-explanatory that Stasi officers be intensely familiar with their individual informers.

J-62: Müller-Enbergs, H., "Inoffizielle Mitarbeiter des Ministeriums für Staatssicherheit: Richtlinien und Durchführungsbestimmungen". Berlin: Ch. Links, 1996

D-7: Stasi Documentation, Wardezki, G., "Die Dokumentation und Auswertung operativ bedeutsamer Informationen zu IM - eine wesentliche Grundlage für die Erhöhung der Wirksamkeit des IM-Systems", 2 vols, JHS 1972

Page 64

Some informers did break the code of silence they had taken and told, for example, their partner of their Stasi contacts. Yet, even in these cases, the Stasi officer remained the only individual who really knew what went on at these secret meetings. Andreas Sinakowski describes the loneliness of being a Stasi informer, and the feeling that "the only escape from this isolation is to talk to your Stasi officer" (J-88, p. 77). Hendrik Melle likewise makes the point that the only person he could talk to about being an informer was "my Stasi", as he rather fondly refers to his officer: "Because the only one whom I could talk to about it was my Stasi. Trusting anyone else with this information would have only created another dependence situation. No one else came as close to me as my Stasi officer" (J-56, p. 156). A further example of this intense dependency comes from Herbert K., a former full-time unofficial employee:

"I worked for the Stasi for thirty years, fifteen of them as an investigator. That was sometimes pretty boring. You didn't have any contact to anyone, you couldn't have any form of exchange with your colleagues, only with your Stasi officer. You worked from home, from where you had to write your reports, you couldn't go to any work events, since your identity was to remain secret from other employees (J-39, p. 58).

The Stasi officer was, then, for many informers, their only true accomplice. Their relief at meetings of suddenly no longer having to lead a double life must have been significant. (...) In summary, the bond between the Stasi officer and the informer was fundamental to the effectiveness of their work together. This bond could take on varying degrees of intensity, but the informer was always necessarily dependent on the Stasi officer to some extent. (...)

"Stephana" (...) feels a certain personal loss at being no longer able to meet with her officer, whom, after all, she compared to a good "buddy" (A-8). It would be interesting to know whether these Stasi officers would be equally keen to meet their former unofficial employees, whether they too feel a sense of loss that they can no longer do so, and to discover how they previously regarded the relationship to their informers.

J-88: Sinakowski, A., "Das Verhör". Berlin: BasisDruck, 1991

J-56: Melle, F. H., "I.M.", in J-14: Böthig, P., and Michael, K., eds., "MachtSpiele: Literatur und Staatssicherheit". Leipzig: Reclam, 1993.

J-39: Karau, G., "Stasiprotokolle: Gespräche mit ehemaligen Mitarbeiten des "Ministeriums für Staatssicherheit" der DDR". Frankfurt/Main, dipa, 1992

A-8: Interviews with former Stasi informers, "Stephana", 19 January 1995.

Page 72

Informers themselves were, however, often keen to keep believing that the contacts had a justifiable purpose. Those who were unable to summon the resolve to break off the contact with the Stasi strove to convince themselves of the legitimacy of their actions, even if this required an increasing amount of self-deception. The Stasi was, of course, generally just as concerned that the informers remain active, and in this sense both parties had a common goal and worked hard at deceiving themselves and each other in its pursuit.

***

The psychologist Hans-Joachim Maaz argues that most GDR citizens were only able to conform publicly in situations which were totally at odds with their private convictions as a result of a split in personality (J-54, p. 76). Maaz is not alone in explaining conformity in the GDR in terms of a form of schizophrenia. Speaking to the Enquete Commission, Walter Schilling said that informers "all had to lead two lives. In the long term this fostered a shocking and incomprehensible schizophrenia" (F-13, p. 97).

For some informers, the discrepancy between actual behaviour and private perception of self could certainly at times be particularly extreme. This is highlighted by the paradox inherent in the fact that many were active in the opposition scene at the same time as they worked with an organization that aimed to undermine such activities. Rainer Eppelman found this phenomenon baffling as he came to terms with the fact that Wolfgang Schnur seemed to be able to develop genuine friendships with those on whom he was simultaneously reporting. (...)

For Andreas Sinakowski, for example, the process of "forgetting" that he was attending certain events as part of his duties as a Stasi informer was conscious and deliberate, and usually did not require too much effort. Describing a social gathering at the house of someone he was supposed to observe, Sinakowski writes: "It didn't seem real that I was there on a mission from the Stasi. Two drinks later I'd forgotten all about it" (J-88, P.75).

J-54: Maaz, H-J., "Der Gefühlsstau: Ein Psychogramm der DDR". Munich: Knaur, 1992.

F-13: Protocol of the 23rd Sitting of the Enquete-Kommission: "Aufarbeitung von Geschichte und Folgen der SED-Diktatur in Deutschland" on "Das ehemalige Ministerium für Staatsicherheit", 15 January 1993, ed. Deutscher Bundestag, Bonn: 1993.

J-88: Sinakowski, A., "Das Verhör". Berlin: BasisDruck, 1991

Page 94

"There was, at least initially, a period of uncertainty in certain interpersonal relationships when it seemed that the mysterious figure of the informer was "everywhere and nowhere, it might have been almost anyone and in the end it was no-one" (J-102, P. 135)
(...)
Bärbel Bohley may have been surprised at the extent and form of the observation of her public and private life but she, as someone the Stasi had classified a dissident, could be sure that her activities had been closely monitored. Others did not have this certainty, yet had lived their lives in the belief that their words and actions could potentially be recorded at any time. As a result, many had to some extent lived as though they were being observed, effectively assuming a role as a victim of the Stasi surveillance, without actually knowing that this was the case.
(...)
One of the Stasi's greatest strengths lay in the fact that one often presumed its representatives to be present when in reality this wasn't the case. Many telephone conversations only took place for the benefit of the person listening in. Letters contained empty phrases which were not meant for the person they were addressed to but for the person monitoring them, and at public gatherings (everyone's life was full of public gatherings) you made even yourself sick with your applause at certain points. One doesn't therefore have to look for long for the reasons behind the anger that is now being unloaded on the cursed Stasi (J-33, P. 77)
The fact that many more people presumed themselves observed than was actually the case is reflected in the finding that over 40 per cent of those who apply to the BStU to see their Stasi file have to be told that no such file exists (F-8, p. 52). (...) "File Envy" will become a psychological phenomenon of the future (J-69, p. 64).

J-102: Wedel, M., "Einheitsfrust". Berlin: Rowohlt, 1994.
J-33: Heidelberger-Leonard, I., ed., "Jurek Becker". Frankfurt/Main: Suhrkamp, 1992
J-69: Rathenow, L., "Teile zu keinem Bild oder Das Puzzle von der geheimen Macht", in J-76, pp. 62-90.
J-76: Schädlich, H. J., ed., "Aktenkundig". Berlin: Rowohlt, 1992.

Page 98

Maaz goes as far as to argue that even Stasi employees did not differ significantly from other East Germans. The inherent split in personality he detected not only allowed people to conform to a system in which they had no faith but, since the cognitive mechanism involved was one and the same, to be active as Stasi informers. Informers, Maaz proposes, were not like spies in films, who slyly become involved with particular individuals solely in order to obtain information:
"No, it was rather the case that the so-called "information service" and normal life were one and the same thing. A double life was not even necessary and a particular disguise not even possible - for quite different reasons, quite independent of the Stasi. The security Service simply benefited from this situation."
Maaz, H-J., "Die Entrüstung: Deutschland, Deutschland, Stasi, Schuld und Sündenbock". Berlin: Argon, 1992.

Page 111

The term "IM" (unofficial employee) has only come into general usage since 1989, and although "Stephana" was very much aware that by 1989 she had been working with the Stasi for approximately four years, she did not suspect how commonplace such a liaison actually was.
(...)

Page 115

At the time when they were active as such, informers could only guess at how many others were working for the Stasi. Some were flattered to believe that they belonged to a select few GDR citizens deemed worthy of carrying out this important task. (...) "Stephana" needed a long time after the fall of the Wall to come to terms with the fact that she belonged to the large group of informers, since she had always considered her situation to be a "one-off" (A-8).
A-8: Interviews with former Stasi informers, "Stephana", 19 January 1995.

Page 128

Targets of Stasi observation such as Körzendörfer have an ambivalent relationship to the files, as demonstrated by their evaluation of the quasi-biographical account of their lives which is found in these documents. Klaus Schlesinger felt as though he were reading a novel in which he was the protagonist (J-79, p.30); (...) On the one hand, the Stasi victims reject much of what is written in the files as presenting a twisted or simply inaccurate version of events, yet, on the other, hope that these same documents will be able to help them reconstruct the past and are angered and disappointed to discover that the information available does not always allow them to do so. (...) Indeed, Körzendörfer continues: "Much of what I had hoped to find in the files wasn't there". It is as though she has been hoping that the files will be able to fill in the gaps in their biographical understanding, to make it whole.
(...)
It is not merely victims of Stasi observation whose understanding of self and biography can be radically altered by the information contained in the files, but also that of those who carried out this surveillance, the unofficial employees (IM). As discussed in previous chapters, many informers report being shocked to discover that they belong to the group of perpetrators.

Page 133

... another key factor in ensuring that the debate concerning Stasi informers remained at the forefront of the reckoning with the recent past was the desire on the part of a people which had been active as both the agents and victims of surveillance to understand the mechanisms which had shaped the course of their past lives. This process involved establishing the identities of the informers which had until then been so well-disguised that it seemed even some informers themselves were unaware that they, too, had worked for the Stasi.

Smoking lady, end of the seventies. BStU archive, former MfS archive, German Democratic Republic

MfS AOP 1010/91 Bd. 13 BStU 236

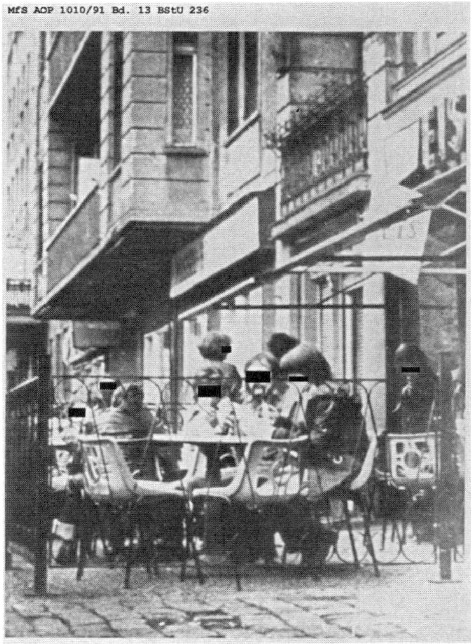

MfS AOP 1010/91 Bd. 13 BStU 237

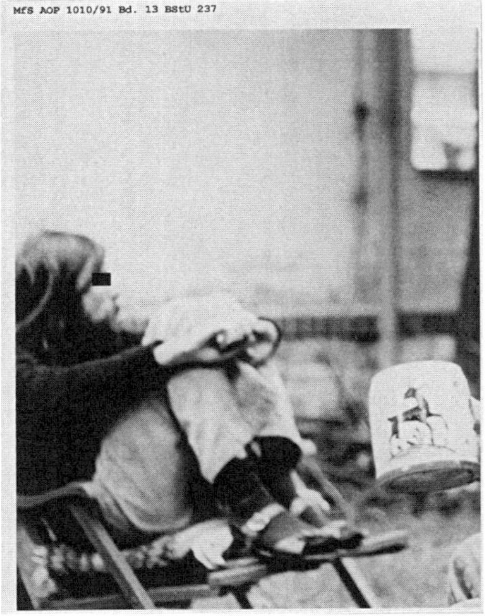

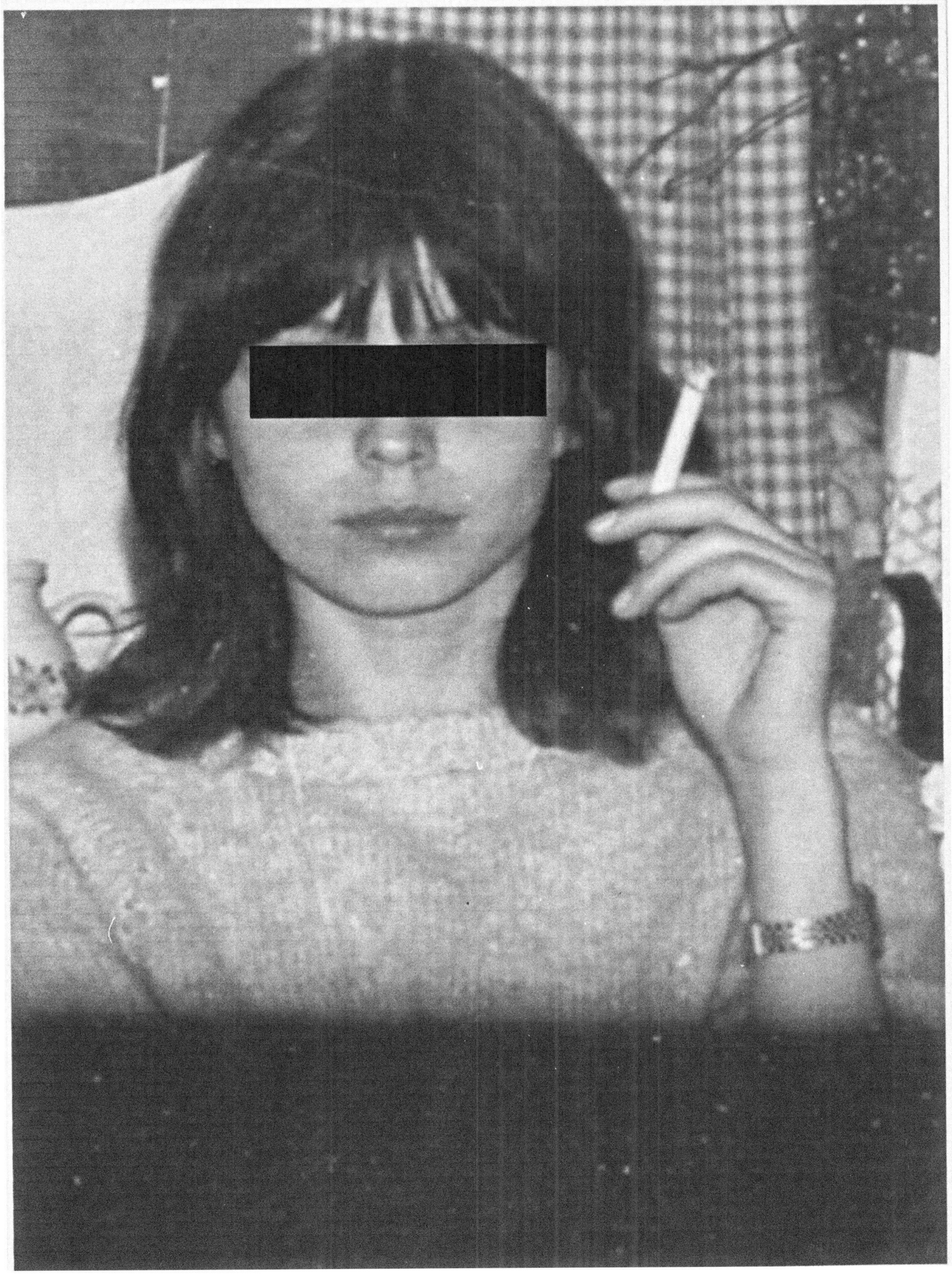

Loyal dissidents and Stasi poets: Sascha Anderson, Christa Wolf, and the incomplete project of GDR (German Democratic Republic) research. Journal article by Julia Hell; German Politics and Society, Vol. 20, 2002

Sascha Anderson, *Sascha Anderson* (Cologne, 2002)
Jörg Magenau, *Christa Wolf*. Eine Biographie (Berlin, 2002)
Christa Wolf, *Leibhaftig*. Erzählung (Munich, 2002)

(http://www.questia.com/PM.qst?a=o&se=gglsc&d=5001932962&er=deny)

Volker Weidermann, a journalist writing for the *Frankfurter Allgemeine Zeitung,* seemed somewhat puzzled when he reviewed the Spring 2002 literary season. After having just told his readers that for many years the GDR had been curiously absent from discussions in the Federal Republic, he exclaimed with a palpable sense of surprise: "But now it's back again, the GDR." (Doch jetzt ist sie wieder da, die DDR).[1] Weidermann is not the only journalist to have reacted this way to the sudden accumulation of books about life in the former GDR, which included the first postwall biography of Christa Wolf, written by Jörg Magenau; Christa Wolf's novel *Leibhaftig,* and several autobiographical novels by the former GDR's most unsavory authors: Hermann Kant, the long-time president of the GDR's author's union and an active Stasi collaborator, Fritz Rudolf Fries, author and Stasi informer, and, finally, Sascha Anderson, the infamous poet and cultural manager of the Prenzlauer Berg, who presented his autobiographical novel Sascha Anderson to a public eager to learn the details of his strange life as avant-garde artist in the service of the Stasi. Finally, a group of younger authors entered the scene with stories about everyday life in the GDR of the 1980s.[2]

The reception of the younger authors was mixed. Their books about growing up under Honecker were often criticized as documents of historical revisionism, nostalgia, or even "cuteness."[3] Why are these younger authors suddenly so interested in the former East? Weidermann asked Jana Hensel, an editor living in Berlin, who explained that after 1989 young East Germans were initially deeply invested in getting to know the West. During these years of assimiliation, they wanted the East to disappear as quickly as possible. In recent years, however, this attitude has changed with people of diverse ideological views increasingly recognizing that the former GDR was their Heimat.[4]

So is the "invisible East" reemerging as a "country of memory," an *Erinnerungsland,* as Weidermann concluded in his article.[5] Anyone familiar with the cultural landscape of Germany since 1989 knows that this is not a new phenomenon, nor is it one that should surprise us. As early as 1995, Michael Rutschky wrote about the coming-into-being of an imaginary GDR after its dissolution. *We were witnessing,* Rutschky argued, **the production of cultural identities rooted in a country that no longer existed, and he asked us to understand this "new" GDR identity as the product of a new community of experience and narration. This community simply did not exist before 1989 because the GDR lacked the unrestrained public sphere that would allow such a culture to arise.**[6] Weidermann's observation that the GDR is reappearing in literature as Erinnerungsland thus does not tell us much we didn't know before. What is new, however, is the fact that a younger generation is now involved in this memory work-as if this imaginary GDR needed to be reconstructed by each generation. We have given this phenomenon different names: in the early 1990s, we spoke of Ostalgie; now we are witnessing a much simpler, less politically charged process: the rediscovery of a childhood at once banal and exotic. This imaginary postwall GDR sometimes had the idealizing glow of PDS nostalgia, sometimes the melancholic hue of an utopian ideal never realized, and now an ironic, postmodernist colouring, with a more or less explicit antiwestern edge. But I think there are signals that the change in sensibilities runs deeper. More than twelve years after the implosion of real existing socialism, some authors are starting to describe this vanished country as a landscape of ruins.[7] In *Das erste Jahr,* for instance, Durs Grünbein reflects on what it means to have grown up on the easternmost edge of Germany - that is, what it means to have an East German imagination marked by a past that has its own particular dates and sites.[8] Sometimes, he returns to the sites of this past - very much against his own inclinations. These reluctant returns, Grünbein writes, are furtive, hurried walks through empty, deserted buildings where he sometimes encounters a few ancestors, outsiders like himself. And then he adds: "Of course, among the ruins, people don't greet each other."[9]

But what is the meaning of ruins? How does it happen, historian Michael Roth asks, that the material remnants of the past come to be interpreted as objects that "speak to us of the past"?[10] How is something framed as a ruin - that is, as a site that embodies a history in the process of disappearing and, as a remaining part, gestures toward the absence of the whole to which it once belonged? Ruins are not active sites of life in the present, Roth writes, but sites that contain messages from the past and as such they become part of the present.[11] It seems to me that we might be able to discuss more productively Sascha Anderson's Sascha Anderson, Jörg Magenau's Christa Wolf, and Wolf's most recent story, *Leibhaftig,* about a woman struggling with a life-threatening disease the year before the wall collapsed, by keeping the category of the ruin in mind. These books deal with the memory of a country in ruins, the ruins of memory itself, and of a century's political ideologies, the ruins of particular versions of authorship and of aesthetic practices. In short, they alert us to the presence of a vanished country's ruins in the cultural landscape of contemporary Germany.

Why review Christa Wolf, the author who was discussed as a possible recipient of the Nobel prize and Sascha Anderson, the infamous traitor from the Prenzlauer Berg? We are currently in the midst of a process of re-evaluating GDR culture. Christa Wolf has been allowed to re-enter the pantheon of postwar literature, a cultural transformation, or *Wende* that Magenau's biography is part of, perhaps even a decisive part. In this process, Anderson seems to play an indispensable role, because the other side of Wolf's recanonization seems to be the public abjection of Anderson. In the media of the former West, it is no longer Wolf who incarnates everything abject about the East and its literary culture, but Anderson.[12] Anderson seems to be the price that has to be paid when the re-evaluation of GDR culture becomes an effort to wrench "good" literature from the "bad" conditions of its production, the effort to separate literature from politics.[13] In other words, the current re-evaluation of GDR literature continues along the lines of the 1990 literary debate, or *Literaturstreit* and its pernicious dichotomy of conviction, or Gesinnung, versus esthetics, with Wolf now finally representing a farewell to *Gesinnung* and Anderson becoming *Gesinnung* incarnate paradoxically regardless of whether his critics think that he has too little of it, or too much.[14]

Anderson's public abjection is overdetermined. He has become a screen for the projections of his fellow citizens, the projection of all of the small acts of betrayal and cowardice and accommodation that were required in the East - and are also to some extent part of life in the West. Thus like Junger, like Celine and Brasillach,[15] and later Wolf, Anderson has become the very embodiment of a society's misgivings about its ruined past. Unfortunately, the strong affects surfacing in this process are not conducive to a sober, analytical look at the complex structure of the GDR's cultural landscape, characterized by a dialectic of proximity and distance toward the state that produced a wide, and widely varying, spectrum of authorial positions, ranging from the poet spies, Sascha Anderson and Rainer Schedlinksi, to the "loyal dissidents" (to use Magenau's apt term), such as Volker Braun or Christa Wolf.
(...)

Stasi-poet Sascha Anderson: A Licence to Deconstruct

According to the photographer Grischa Meyer, it was the *Ruinenhaftigkeit,* or ruined state, of the Prenzlauer Berg, its aura of decay and morbidity, that drew young people to the neighbourhood in the late 1970s.[49] By the early eighties, this part of East Berlin had become the site of a lively counterculture that experienced East German communism as a system frozen in time, a system that was no longer even worth confronting. A lot has been written about this "second culture," about Papenfuss-Gorek, Uwe Kolbe, Jan Faktor, and the other, mostly male artists associated with it. Their philosophy was simple: not to engage the GDR's official culture, its official authors and artists, or its official aesthetics. They imagined an autonomous aesthetic, a practice of the destruction of language and meaning, or "Sprach- und Sinnzertrümmerung"[50] that would subvert the system by destroying its dominant discourse. Latter-day Rimbauds clad in black leather, the artists of the Prenzlauer Berg once again reinvented the avantgarde, this time not with the help of Mayakovsky (although he did play a role) as much as Deleuze, Foucault, or Lacan. Sascha Anderson was one of the more glamorous figures in this underground culture that West German critics immediately began to romanticize.[51]

One of its leading artists, Anderson was also one of the main organizers of the semipublic readings, exhibits, performances, and punk rock concerts. Moreover, he was involved in the semiofficial journals of the East and had contacts in the West German publishing house Rotbuchverlag. In 1986, he left for West Berlin, where he continued to organize countercultural events across the wall. In the fall of 1991, Wolf Biermann revealed that Anderson had signed on as an IM in 1975. For a long time, Anderson denied the accusations. A heated discussion erupted among members of the so-called Prenzlauer Berg connection: did Anderson actually produce the subculture of the Prenzlauer Berg with the help of the Stasi?"[52] Did he strategically contain its political potential, or was his role more ambiguous?"[53] In 1999, Anderson's *Täterakte* (perpetrator dossier) was found and published. The reports proved beyond any doubt that Anderson had functioned as an IMB (*inoffizieller Mitarbeiter mit Feindberührung*) starting in the early eighties.[54] In February 2000, Anderson responded polemically, asking where were the artists he had supposedly destroyed by his actions?

The publication of Sascha Anderson in March was carefully orchestrated by the DuMont Verlag, resulting in what some critics dimissively called a media spectacle. Anderson's publisher organized two promotional events: on March 1, Anderson and his editor held a well-attended press conference; and on February 21, the Norddeutscher Rundfunk broadcast a discussion with Anderson and several authors and literary critics. Most reviews were critical of the book and its author, many openly sarcastic and dismissive of both the book's veracity and style. To anyone reading these reviews carefully, it quickly became apparent that the driving question was not "What did Sascha Anderson do?"[55] but "Who is Sascha Anderson?" Above all, what critics really wanted to know was whether Anderson was finally ready to apologize, to repent, to display the appropriate degree of contrition.[56]

Anderson was obviously counting on this public ritual of confession and (possible) forgiveness. After all, the last sentence of his autobiography - "I think [the book] represents the attempt to expose myself to possible reactions to a story that I am telling myself" - enacts an interesting performative contradiction, claiming to tell a story to no one but himself, yet with an eye to his audience's reaction.[57] That reaction was certainly forthcoming and it was probably more unforgiving than he had expected.[58] The campaign for Anderson's book was double-edged. On the one hand, it courted scandal: the book's cover, designed as a poster with a picture of Anderson himself, announces in thick red letters: "Verrat ist das richtige Wort." On the other hand, Anderson adamantly claimed his autobiography as a literary text.

[Anderson] was a poet with a code/cover name and a central figure in the GDRs sub-culture of the 1980s. "David Menzer," "Fritz Müller" and "Peters" betrayed the legend about the "alternative" literary and artistic boheme around the Prenzlauer Berg ... Sascha Anderson tells the story of an artist's life in which the State Security participated intimately since the mid-seventies. Sascha Anderson reports on an internally torn life from Weimar, Dresden, Berlin (East) to his departure to Berlin (West) in 1986 and his move to Rome in 1992. Sascha Anderson is not an autobiography in the usual sense and neither is it a book in which the author justifies his actions; instead, it tells of false posturing in true writing. The author's morals is not the yearstick for the poetic quality of writing. The truth of Sascha Anderson wants to be measured by the truth of its literature. Clearly, this was a deliberate attempt to create another postwall literary "scandal" and to reestablish Anderson as a literary author.

Perhaps Gabriele Dietze's contribution to MachtSpiele offered Anderson a strategy for accomplishing this. In this 1991 essay, Dietze provocatively posed the question whether bad morals necessarily lead to bad literature.[59] According to Dietze, there is no doubt that Anderson betrayed his friends, but that in itself does not tell us whether he also betrayed his literature.[60] This essay and its distinction between good literature and bad morals functions as the obvious intertext of the paragraph cited above. In fact, intertextuality is the very essence of Anderson's book. For Sascha Anderson is a text about a text, as Birgit Dahlke notes: "Many have participated in the writing of the text 'Sascha Anderson'.[61]
"In 1991, Anderson discussed this public text as one "in which I find myself, and yet do not recognize myself

in it."[62] Anderson thus purposely intervenes into this public text with his own "authorized" story, his autobiography.
Two years before the publication of Sascha Anderson, Anderson wrote: "The centre that could be me remains empty, even the centre of my own image."[63] What could possibly be the story that would "flesh out" this empty middle? The answer to this question has to do with another intertextual move, one that involves Novalis's famous fragment of a *Bildungsroman, Heinrich von Ofterdingen*[64] and relies on received ideas about Novalis, the esoteric poet.[65] Novalis famously criticized Goethe's *Wilhelm Meister* as a novel in which the romantic spirit dies. Goethe's protagonist remained mired in his "prosaic" bourgeois world and Hardenberg's plan was to counter this "prosaic" book with a novel that would open the possibility for a poetic existence. Novalis finished part one tracing the main character's "worldly" travels, but not part two - that is, the protagonist's transformation into an artist. Anderson works with bits and pieces from the novel, the reading of a text about the protagonist himself, the metaphor of the stage and the staging of the (empty) self, the conflict between the role of hero and of poet, and, finally, the fragmentary nature of the hero's story.[66]

So what exactly is Anderson's story of an East German Novalis in the service of the Stasi? In one of the most frequently quoted passages, Anderson tells us that with this book he hoped to give shape to the pattern of a "Funktion" or function. He was, he tells us, a functionary: "Perhaps even in resistance to myself, I who did not think of myself as a functionary" (*Vielleicht auch im Widerstand gegen mich selbst, der ich mich nicht als Funktionär begriff*). But, he amends, "I knew about this function."[67] So how did he assume this particular form?[68] How did the young East German who wanted to become the "Neo-Novalis" of the twentieth century (A/237) become a Funktionär im Widerstand - a punk poet who imagined himself as the GDR's "Untergrund-Kulturminister".[69]

Chapter one of Sascha Anderson provides us with the most basic elements that make up his explanation. In a transparent attempt to legitimize his aesthetic project, Anderson begins his book with a conversation between himself and his mentor, Heiner Müller; or rather he begins it with a quote from Müller, in which he dismisses all stable orders and any solid form (A/7). What Müller wants to see on stage instead is the moment when someone breaks with dramatic conventions and begins to tell his own story. Does this beginning express Anderson's belief that it is possible to step outside of one's role and tell the story of the one "behind" it? And who exactly is "behind" it? Who is standing on the stage? Who is speaking? In this first chapter, Anderson quickly slides from Hardenberg's story to that of the child: Hardenberg's catastrophe/darkness becomes "a darkness that darkens childhood" (A/8). Anderson also concludes his first chapter with a quote from Novalis: the past is former freedom and therefore "the ground of history/story" (A/10). With this quote, Anderson hints at the foundations of the story to come: the patterns of childhood-fear, loneliness, guilt. And Müller offers us the interpretative framework for the story: "if you intend to tell the story of a child trying to escape from the family by escaping into the family"(A/9).

When Magenau writes that Anderson's autobiography is written in such a way that no one will ever be able to understand this text completely - not even its author - he is undoubtedtly right.[70] But there are a few themes, fragments of a story, that run through the entire text. There is Anderson's childhood and the way it prepared him for his role between Stasi and counterculture: he sees himself as a "dramatically empty lacuna" (A/42) between his parents, and he tells us about a child in a communist family who resists the roles that his parents expect him to play; what he learns is guilt, to be a "Schuldleib" (A/293), or body-of-guilt. This story is interrupted by Lacanian reflections on the subject and its inevitable (and inevitably imaginary) identifications. Happiness, he writes in this first chapter, is the moment when the subject is without form. His earliest memory is of such an ecstatic moment when the "I" is not yet self-assertion, but at most "one little particle among others" (A/18).

But it will have to assert itself, it will have to take on a form. One of the forms that attracts him is that of a KGB agent behind enemy lines. Raised with Ostrovsky's Soviet classic How the Steel was Tempered (A/34) and its hero Korchagin, he becomes fascinated by the idea of joining the KGB. A familiar Oedipal story seems to haunt this desire. A dramaturg and actor, Anderson's father strikes him as ridiculous (A/38); he is never the "author, whom he wanted to be" (A/13), Anderson writes, nor the hero he wanted to be (A/308). Yet this despised father constructed the son in his image (A/43) - made him want to become a hero/author: Korchagin/Novalis.

Anderson tells this story, his trajectory from KGB to Stasi, in great detail. And he spends quite some time on his first encounter with Novalis's texts. At the age of sixteen, Anderson begins training as a printer in Dresden and discovers Novalis, who captures his imagination with his theme of the night: the text that longed to write was "the night" (A/76). It is Novalis who provides him with the metaphor for the subject's empty centre: he experiences Novalis's night as "protective dusk - the recurring darkness between the two images of the film." This empty darkness functions as his very foundation, the remainder left by a family shattered by progress (A/76). For Anderson, his encounter with Novalis is the defining moment.

Anderson thus tells us the story of a damaged childhood and a desire to escape that damage through writing, on the one hand, and through action on the other hand--Novalis as Korchagin, or Heinrich von Ofterdingen, who encounters his crusading knights. To his great disappointment, Anderson is not able to join the "invisible front" of the KGB; instead he is summoned to the Dresden police headquarters. He explains his relationship to his Stasi officiers as a father-son relationship (A/126) that works like a drug: "destruction of childhood by childhood" (A/125). Having learned to live between the fronts (A/200) as a child enables him to assume his position between state and counterculture. A familiar story. By 1978, regular clandestine meetings with Stasi officiers begin.[71] This is the moment when his career as published poet and organizer of cultural events takes off.

What does he say about these early meetings? He told his officiers that he was deeply invested in changing the system and tried to play down what seemed subversive to them (A/174). In essence, Anderson's story confirms Joachim Walther's analysis of the new Spitzen-IMs that the Stasi needed after the upheavals that followed Biermann's expulsion: they realized that they would need informers who would blend in, who would be part of the subcultures that the Stasi wanted to observe and contain. Anderson was one of the luxury spies, or, in Walther's words, he was both a "creature of the MfS" and a creative human being;[72] more significantly perhaps, he was a collaborator whose creativity may have exceeded his function, a clandestine Funktionär who did not think of himself as a functionary. Hence his strange legacy: "My thinking and my will managed to fill a few loop holes in the law, with poems and books, a few trunks with works of art, a few folders with reports, a few stages with musicians and a feeling of unhappiness with exhaustion" (A/263). Some reviewers reacted to this list with outrage, but I think it does capture Anderson's odd, contradictory role pretty well. No one has analyzed this contradiction better than Joachim Walther: "What makes Anderson so remarkable, even fascinating in contrast to the mass of ordinary informers is that he produced what he was supposed to prevent through this double role, that is by being both a creature of the MfS and without any doubt, a creative human being." Anderson combined conspiratorial discipline with anarchist attitude, a total lack of scruples with sensitivity, inner emptyness with manic activity - and all this, Walther writes, fused into a tangle of contradictions from which he could no longer extricate himself. In Walther's view, Anderson's "first" and "second" identities merged, leaving him with nothing but his Funktion: Anderson was not schizophrenic nor was he a gifted author who played himself, "but instead the role played him until he became the role."[73] It is safe to assume that Anderson is familiar with this "public text" about himself. I will not follow Anderson's Stasi story in more detail - that is, his move to Berlin, where he was handed over to the Berlin Stasi (A/225), then his move to West Berlin in 1986, his final meetings with his Stasi officiers in 1989, and the founding of the publishing house galrev in 1991. He eventually tells us how he heard about Biermann's accusations and provides us with a minimal explanation for his denial. He knew, he writes, what to expect, and then explains that when confronted by Adolph Endler, he lost the capacity to empathize with the other (A/293). I think Anderson's Stasi story is plausible - some parts of it might be outright lies, others semi-lies, but most of it seems to be told to the best of his knowledge. Why should we assume that Anderson could tell a coherent story? Why assume that he does, or did, know everything about his own role on the border of Stasi and autonomous culture? After all, he was part of an apparatus that did use him without making him privy to all the different ways in which he was used;[74] he was also part of an apparatus that, contrary to the Kraken myth,[75] did not function perfectly.[76] Anderson was not, and indeed is not, a subject in control of his story. He does acknowledge the damage he has done, most explicitly in the context of one of his more infamous reports, several pages of intellectual, political, and emotional profiling of his friends and colleagues. Although he tries to play down the damage caused by this document, Anderson admits that his comments amounted to a denunciation of his victims. He then adds that, in his report, he encountered that "what he never wanted to be/What I Was" (A/244). Magenau concedes Anderson's honesty: "Sascha Anderson wrote his life as best as he could."[77] Birgit Dahlke goes even further: the book represents the end of Anderson's self-stylization; he no longer disputes his guilt, and presents his life as failed.[78]

But what exactly is this failure? Anderson's Stasi story gradually becomes one of depression and alienation. The increasingly muddled nature of his relationships, he writes, no longer formed a real pattern, "that would be intelligible without me telling a true story" (A/238-9). He does, however, tell stories (in 1984, Rotbuch published "Totenreklame. Eine Reise" and "Die Erotik der Geier"), and he now claims that these stories conveyed a certain "truth" because they indirectly dealt with his situation. More importantly, in another of these opaque, impenetrable passages, he indirectly tells us that these texts were written by a dead author. And in a different context, he proclaims: "The state does not write a Wilhelm Meister novel, it attempts to write [...] *Afterdingen,* a book that ends with the death of its author" (*Der Staat schreibt keinen Wilhelm-Meister-Roman, er versucht sich [...] an einem Afterdingen, der mit dem Tod des Autors abbricht*) (A/220). That, then, is the fate of Novalis in the GDR: Novalis, the poet, dies, but Novalis, the "Salinenassessor," survives. Anderson, the Funktionär, has to root around in the dirt like the "Salinenassessor Novalis" (A/270). The reason for this failure is not lack of talent. Instead, he failed because everything he ever wrote remained too much tied to the conditions "in which I felt myself both perish and protected" (A/237) - there was no autonomous aesthetic realm. Like his father, Anderson never became the artist he dreamed of being: the "Neo-Novalis of the end of the twentieth century" (A/237).
(...)

Should we conclude that this book is simply not worth reading?[86] Not if we are interested in the many forms that authorship can take under duress. And not if we are serious about exploring the grey zones of complicity and dissent, collaboration and distance. For they can be found even here, even in the story of someone who was a functionary but did not want to know it. Anderson betrayed his friends, he betrayed his literature, but he did think of himself as an artist. That he was able to do so was, among other things, the result of this peculiar space that the Stasi created: the position of *MfS Kreatur und kreativer Mensch,* of luxury spy and punk poet. There is indeed a particular form of authorship that the East German state invented: the *Stasidichter.* And why should that position not have its own conflicts and its own illusions of autonomy? Exactly what these conflicts were is worth a study that would not only include Anderson, but also Schedlinski, Kant, and Kahlau - and, unfortunately, many, many others. Jürgen Kocka introduced the notion of "durchherrschte Gesellschaft' soon after 1989, and a lot of recent research on the GDR has been concerned with delineating the limits of this "Durchherrschung."[87] I would urge looking at Stasi authorship from this specific perspective. This is not an argument for leniency but rather a plea not to cut ourselves off from further research into the complexities of GDR culture. With some historical distance, we might achieve a less emotional, more analytically curious reaction to Sascha Anderson and his colleagues.
(...)

NOTES

1. Volker Weidermann, "Zone zeigen: In der Literatur ist die DDR wieder da - und so tot wie nie zuvor," Frankfurter Allgemeine Sonntagszeitung, 3 March 2002. I would like to thank George Steinmetz for reminding me, once again, of what is important. I would also like to thank Jörg Magenau and Birgit Dahlke for generously sharing their articles with me.
2. Jakob Hein, *Mein erstes T-Shirt* (Munich, 2000); Falko Hennig, *Trabanten* (Munich, 2002); Jana Simon, *Denn wir sind anders. Die Geschichte des Felix S.* (Berlin, 2002); André Kubicek, *Junge Talente* (Berlin, 2002).
3. Gerrit Bartels, "Modernes lesen: neue Bücher kurz besprochen von Gerrit Bartels," die Tageszeitung, 24 April 2002. Bartels reviewed them with more sympathy.
4. Weidermann (see note 1).
5. Ibid.

6. Michael Rutschky, "Wie erst jetzt die DDR entsteht," Merkur 9/10 (Sept./Oct. 1995), 858 and 856.
7. This imagery is not new, only more prevalent. After Anderson, Kurt Drawert wrote in 1991 that the East is a "vollkommen kaputtes Gebiet" full of people with ruined lives (MachtSpiele: *Literatur und Staatssicherheit im Fokus Prenzlauer Berg*, eds. Peter Bothig and Klaus Michael (Leipzig, 1993), 81); in *Spiegelland. Ein deutscher Monolog* (Frankfurt am Main, 1992), he described the decaying spaces of Leipzig and the dead landscapes of the west.
8. Durs Grünbein, *Das erste Jahr* (Frankfurt am Main, 2001), 94-95.
9. Ibid., 95. Grünbein obviously plays with one of the more amusing slogans from 1989: "Der letzte macht das Licht aus."
10. Michael Roth, "Irresistible Decay: Ruins Reclaimed," in *Irresistible Decay: Ruins Reclaimed*, eds. Michael Roth, Claire Lyons and Charles Merewhether (Los Angeles: Bibliographies & dossiers: the collection of The Getty Research Institute for the History of Art and the Humanities, 1997), 2.
11. Ibid., 8.
12. He may invite this abjection, he may even deserve it - I don't know him. I am interested in his function in this game and its consequences: the narrowing down of the range of "legitimate" objects of research and the substitution of analysis by moral condemnation.
13. The current exhibit "Mauersprünge" (Zeitgeschichtliches Forum Leipzig) reduces the Prenzlauer Berg to a barely lit Stasi labyrinth in which a dead end leads to a portrait of Anderson. See Sieglinde Geisel, "Biermanns Pass und Lindenbergs Rockerjacke: Eine Ausstellung zum deutsch-deutschen Kulturaustausch," Neue Zürcher Zeitung (7 August 2002).
14. Comparing him to Ezra Pound, Durs Grünbein wrote: "Haltung ist zu bewahren, auch wenn es ironischerweise die falsche ist." Quoted in Gabriele Dietze, "Die hilflose Wiedervereinigung," in MachtSpiele (see note 7), 31.
15. See Alice Kaplan's study on the role of the author as "traitor" in postwar France: The Collaborator: *The Trial and Execution of Robert Brasillach* (Chicago and London, 2000).
(...)

49. Grischa Meyer, "Ich war nie bei einer Lesung in der Schönfliesser Strasse," in: Durchgangszimmer Prenzlauer Berg: Eine Berliner Kunstlersozialgeschichte in Selbstauskünften, eds. Barbara Felsmann and Annett Gröschner (Berlin, 1999), 301.
50. Dietze (see note 14), 34.
51. For the most recent literature on the Prenzlauer Berg, see Patricia Simpson, "Syntax of Surveillance: Languages of Silence and Solidarity," in *The Power of Intellectuals* (see note 33), 160- 82; see also her earlier "Entropie, Ästhetik und Ethik im Prenzlauer Berg," in MachtSpiele (see note 7), 50-58.
52. MachtSpiele (see note 7): according to Schirrmacher, the Stasi product Prenzlauer Berg proves that there never was a genuine GDR culture (305); also Drawert: "Eine Diktatur ist vollkommen untauglich, eine Opposition hervorzubringen" (79). Peter Bothig's assessment is more nuanced: Anderson's collaboration destroyed the idea of political and aesthetic autonomy. However, biographies and texts, destabilizing "Spiele der Revolte," remain authentic (63). Bert Papenfuss-Gorek categorically maintains: "Unser Leben im Berg war ein sehr selbstbestimmtes" (184). With historical distance, the idea of the entire Prenzlauer Berg subculture as a creation of Anderson/the Stasi becomes absurd.
53. MachtSpiele (see note 7): Leonhard Lorek's cautious reminder: "Die Szene hat Anderson einiges zu verdanken" (117); Uwe Kolbe's uncompromising dismissal of Anderson as a traitor, who violated the greatest taboo, talking to the Stasi (89); Jan Faktor's evaluation: Anderson's "Untergrundmanagement" (107) prevented more authenthic connections (106). However, his "Angstfreiheit" was contagious (94).
54. On Anderson as Spitzen-IM, see Joachim Walther, *Sicherheitsbereich Literatur. Schriftsteller und Staatssicherheit in der Deutschen Demokratischen Republik* (Berlin, 1996), 638ff. The other Spitzen-IM was Rainer Schedlinski.
55. Irisch Radisch noted there are no more sensations to be had, since we all know the basic facts. See "Schwarzkäppchen und die böse Welt: Sascha Andersons Buch über Sascha Anderson ist der erste unverlogene Text eines notorischen Lügners," Die Zeit, March 2002.
56. According to Carsten Otte, the press expected not only an admission of guilt, but humility ("Bitte recht demutig," Junge Welt (5 March 2002); see also Anderson's exchange with Roland Jahn at the press conference. Jahn asked Anderson: "Hast du dich jetzt ehrlich gemacht?" and Anderson responded "like a good student": "Ja, ich glaube ja" (Matthias Ehlert, "Lyrik und Pose. Sascha Anderson, der spitzelnde Dichter, stellt im Café Burger sein Erinnerungsbuch vor," Frankfurter Allgemeine Zeitung, 2 March 2002).
57. Jörg Magenau's argues that Anderson puts his public in the role of the Stasi officier ("Fühlt an meinen Liedern, dass ich eins und doppelt bin. Offizieller Begleiter seiner selbst: Sascha Anderson mimt das Delphische Orakel," Frankfurter Allgemeine Zeitung, 19 March 2002).
58. Only Matthias Ehlert finds this hostility problematic. He quotes Anderson as saying that he was indeed a spy, but he nevertheless has the right to be "ein denkender und fühlender Mensch." Ehlert then comments that whether or not Anderson will be granted this "right" will show how much we have learned in recent years. ("Lyrik und Pose. Sascha Anderson, der spitzelnde Dichter, stellt im Café Burger sein Erinnerungsbuch vor," Frankfurter Allgemeine Zeitung, 2 March 2002). These rare appeals to let Anderson tell his story are not easily mappable onto an East-West divide. However, in both East and West, contrition and penance is expected - with a tendency in the East to accept it, whereas it seems that in the West Anderson will never redeem himself.
59. We need to read the literary texts by Anderson, not his Stasi files, Dietze wrote. Did they confront their author's "`Lebenswahrheit,'" is their "Metaphorik der Dissidenz" readable as a "Metaphorik des Verrats," or were the texts as "falsch'" as the behaviour of their author? Dietze (see note 14), "Die hilflose Wiedervereinigung," 35.
60. Ebenda. I would like to thank Gabriele Dietze for alerting me to Ralf Kerbach, "Der falsche Freund. Sascha Andersons 'Beichte' ist ein Witz," and Cornelia Schleime, "Der dreiste Dieb. Warum Anderson nie erlöst werden wird," in Frankfurter Allgemeine Zeitung, 20 April 2002.
61. Birgit Dahlke, "Ich hörte mich sagen. Vom schlechten Ende her: Sascha Anderson schreibt 'Sascha Anderson'," in Freitag, 22 March 2002.
62. Anderson, "Brief," in MachtSpiele (see note 7), 199.
63. Quoted in Bodo Mrozek, "Blick in Zeitschriften / Neues von Sascha Anderson," Neue Zürcher Zeitung, 24 February 2000.
64. The novel itself is intertextual: in his afterword to the 1799 edition, Novalis explained that the text was based on the chronicles of the medieval poet Heinrich von Afterdingen.
65. For a critique of this myth, notably the opposition between Novalis, the poet, and Novalis, the professional, see Hartmut Bohme, "Geheime Macht im Schoss der Erde. Das Symbolfeld des Bergbaus zwischen Sozialgeschichte und Psychohistorie," in his Natur und Subjekt (Frankfurt am Main, 1988).
66. Part one of the novel follows Ofterdingen to a castle inhabited by crusading knights; in the fourth chapter, Novalis discusses the tension between the role of hero and of poet. Later, the protagonist finds a book that turns out to be about himself; and in a subsequent chapter he plans a mise-en-scene of his own story at the court of Mainz.
67. Sascha Anderson, Sascha Anderson (Koln, 2001), 231; I will refer to this text as A/plus page number.
68. This is one of the few passages where Anderson aggressively defends himself by saying that he might have lacked "Moral, aber ich hatte auch keine halbe" (A/232).
69. Kerstin Decker, " 'Wie im Schrank die Tassen, so im Kampf die Klassen'. Die Szene am Prenzlauer Berg in Berlin nutzt die Diskussion, um sich selbst zu bespiegeln," Der Tagesspiegel, 12 February 2000.
70. Jörg Magenau, "Fühlt an meinen Liedern, dass ich eins und doppelt bin: Offizieller Begleiter seiner selbst: Sascha Anderson mimt das Delphische Orakel," in Frankfurter Allgemeine Zeitung, 19 March 2002.
71. It is unclear whether Anderson spent a year in prison in 1976, or whether he was trained during that time-possibly in the Soviet Union.
72. Walther (see note 54), 641.
73. Ibid., 641-42.
74. His anecdote about meeting Rainer Schedlinski by mistake, before he knew that Schedlinski had the same function in the Prenzlauer Berg, is quite hilarious. Apparently, their respective Führungsoffiziere mixed up the dates and people involved in the clandestine meeting.
75. See David Bathrick's discussion of this metaphor in his "Language and Power" in Geyer, ed. (see note 38), 139.
76. See Bothig, "Die Stasi wusste fast alles, aber sie wusste nicht, was sie wusste," in "Spiele der Revolte," in MachtSpiele (see note 7), 62.
77. Jörg Magenau, "Fühlt an meinen Liedern, dab ich eins und doppelt bin: Offizieller Begleiter seiner selbst: Sascha Anderson mimt das Delphische Orakel," in Frankfurter Allgemeine Zeitung, 19 March 2002. But, he adds critically, he ultimately presents himself as "Verführter," even "Opfer."
78. Birgit Dahlke, "Ich hörte mich sagen. Vom schlechten Ende her: Sascha Anderson schreibt 'Sascha Anderson'," in Freitag, 22 March 2002.
(...)

86. That is Iris Radisch's and Jörg Magenau's conclusion. ("Schwarzkäppchen und die böse Welt" and "Fühlt an meinen Liedern, dass ich eins und doppelt bin"). In Magenau's case, that represents a strange contradiction: on the one hand, a critique of Wolf's aesthetics of sincerity, and here a dismissal of Anderson because he does not live up to this aesthetic.
87. See, for instance, the extensive work of Mary Fulbrook, or the collection of essays edited by Richard Bessel, who argues in his introduction against the revival of totalitarianism theory with its simple model of domination without limits. Richard Bessel and Ralph Jessen, eds. *Die Grenzen der Diktatur: Staat und Gesellschaft in der DDR* (Göttingen, 1996), 9.
88. Holger Kulick, "Grauttne. Der Amoklauf Sascha Andersons. Aus drei Gesprächen," in *MachtSpiele* (see note 7), 190.
89. This applies to the former East with its bureaucratized accreditation and support system for literary authors, but also to the West given the extensive system of financial support, grants etc. See Pierre Bourdieu, "Rethinking the State: Genesis and Structure of the Bureaucratic State," in State/Culture, ed. George Steinmetz (Ithcaca, NY, 1999), 53-75.
90. Pierre Bourdieu, "Revolution, Volk und intellektuelle Hybris," Freibeuter 59 (1991), 27- 34; see also Scherpe (see note 24), 17.
91. Bothig (see note 76), 61.
92. Volker Braun, "Monstrose Banalitat" (see note 7), 323.
93. Such is Michael Geyer's argument in his introduction (see note 33), 20.
94. Anderson, and perhaps even Wolf, might indulge in fantasies of victimization, and that is problematic. But there is an excessively morbid quality to these death fantasies that should give us pause.
95. There are structural factors at play here too: the sensationalism that is the result of the gradual Americanization of the public sphere.
96. For instance, we would then look at the ways in which Anderson uses the language of the Prenzlauer Berg when he describes himself as Stasi author: "Ich suchte mir Begründungen wie Treue, mit Überschriften vom Ende der Geschichte mit Konzepten aus einem vage erweiterten Kunstbegriff, Demonstrationen ästhetischer Amoral" (A/234). Or at his claim to have deliberately chosen to remain "outside" of the official culture by fighting against the "Einstieg" offered by Stasi (A/235).
97. Beatrix Langner, "Der Dieb, der Dichter und seine Freunde / Sascha Anderson oder Autobiographie als Bankrotterklärung," Neue Zürcher Zeitung (9 March 2002).
98. Jan Faktor, "Sechzehn Punkte zur Prenzlauer-Berg-Szene," 108.

Julia Hell, *Germanic Languages and Literatures*, University of Michigan

Karin Hartewig Das Auge der Partei Fotografie und Staatssicherheit Ch. Links Verlag, Berlin, 2004

Seite 34

Um die Fähigkeit zum Perspektivwechsel zu erhöhen, wurden die Mitarbeiter der HA VIII in der Menschennachahmung und -verwandlung trainiert. Diese „operative Personenmaskierung" (OPM) nahm Anleihen bei der Schauspielkunst, bei Stanislawski und Brecht. Rollenspiele sollten die Beobachter in die Lage versetzen, sich alltägliche Handlungen und Emotionen präziser zu vergegenwärtigen und innere Vorgänge anhand der Mimik, der Gesten und Körperhaltung zu erkennen. Ein interner Schulungkurs erläuterte das Übungsziel: (...) „... Das Wesentliche bei der Beobachtung besteht einerseits darin, die beobachtete Person in ihrer Ganzheit zu erfassen, in ihrem Verhältnis zu anderen Personen, andererseits darin, sich auf solche Merkmale zu konzentrieren, die die Person charakterisieren."

Seite 35

Eine erste Absprache legte die Ziele, die Taktik der Beobachtung und mögliche Varianten fest. In einem zweiten Schritt, der Vorermittlung, erfolgte eine Aufklärung der Handlungsräume, die sehr weit in das soziale Umfeld des Verdächtigen eingriff. (...) Bereits in dieser Phase, vor der eigentlichen Beobachtung, wurde fotografiert. (...) Parallel zu den Vorermittlungen wurde die Observation geplant. Man beschaffte sich Fotos der „Zielperson", fertigte Beschreibungen an, produzierte Skizzen, Panorama- und Objektfotos, Video- und Filmmaterial über den Beobachtungsraum. Gegebenenfalls wurden Abhörmaßnahmen angeordnet.

Seite 55
Visagen, Tatorte, Konterfeis
Das Freund-Feind-Denken

Grundlegend für die leninistische Ideologie der Geheimpolizei war die strikte Teilung der Welt in Freunde und Feinde. Damit diese Dichotomie politisch durchgehalten werden konnte, musste sie fortwährend moralisch und emotional aufgeladen werden. Der Arbeiterklasse und dem Sozialismus stand demnach ein globaler Feind gegenüber: die Bourgeoisie, der Faschismus in der Bundesrepublik, der Imperialismus. Diese Grundkonstellation galt während des Kalten Krieges ebenso wie in der Entspannungspolitik der 70er Jahre. Der Glaube, im Sozialismus sei der Klassenantagonismus aufgehoben, hatte weitreichende Konsequenzen für die Einschätzung des Feindes: Er wurde letztlich immer als äußerer Feind definiert, der im Inneren der DDR allenfalls „willige Werkzeuge" und „Helfershelfer" fand, die er zum bösen Tun anstachelte. Im Sozialismus dagegen herrschten Vernunft und Fortschritt, so dass menschliche Affekte und Pathologien letztlich zu vernachlässigen seien. Fixiert auf ein Gesellschaftsbild mit korporatistischen Zügen, war man durchdrungen vom Glauben an die Mission des Staates.

Das MfS externalisierte auf diese Weise nicht nur jeden politischen Widerstand in der jungen DDR, sondern auch alle späteren Formen der Dissidenz und des Nonkonformismus. Die Bürgerbewegung, Friedens- und Umweltgruppen oder jugendliche Subkulturen waren in ihren Augen keine originären Gewächse der DDR, sondern ferngelenkte Importartikel oder Imitate des Westens. Der äußere Feind „inspirierte" und „organisierte", was „feindliche Kräfte" und „negative Elemente" im Inneren „realisierten". Dieser idologische Filter führte zu beträchtlichen Wahrnehmungsverzerrungen. Der Klassenfeind schien ubiquitär und omnipotent zu sein und keine logistischen

Probleme zu kennen, um in der Bevölkerung Zweifel und Unruhe zu säen. Der Pluralismus der westlichen Demokratie schien trotz seiner Vielfalt zuletzt einer zentralen Steuerung zu gehorchen.

In 40 Jahren DDR musste sich daher für die Stasi die Zahl der Feinde beständig erhöhen. Ihre Tarnungen, Masken und Verkleidungen schienen unerschöpflich. Unendlich viele wechselnde Züge konnte das Bild des Feindes annehmen. Umgekehrt gelang es dem MfS, von sich selbst den Eindruck einer furchterregenden und omnipräsenten Institution zu erzeugen. Einer der größten Erfolge der Geheimpolizei bestand vielleicht darin, dass ihre Effizienz und Allgegenwart überschätzt wurde. Nicht wenige DDR-Bürger vermuteten, von der Stasi observiert zu werden. Der Verdacht, es gebe eine flächendeckende Beobachtung, förderte ein Klima des Misstrauens und der Selbstzensur.

Seite 74

Jede gescheiterte Republikflucht wurde vom MfS in Berichten und Fotos dokumentiert. Man zwang die Aufgegriffenen, das misslungene Vorhaben wie lebende Bilder nachzustellen, als ob Aussage und Geständnisse nicht genügten. Die Grenze wurde zum Tatort einer vereitelten Straftat. Die Staatssicherheit rekonstruierte Fluchtpläne, Motive und Tathergang und erfaßte die mitunter abenteuerlichen Fluchtgeräte, um ihre lehrreiche Fallsammlung auf der Höhe der Zeit zu halten. (...) Die Ermittler des MfS produzierten dabei absurde Einzelaufnahmen und bisweilen rätselhafte Bildergeschichten. Die Verhafteten wurden zu Pantomimen ihrer selbst. Da sitzen zwei Personen, denen die Flucht über die Ostsee misslang, in einem Schlauchboot. Doch das Schlauchboot ist in einer Garage platziert. Menschen krümmen sich im Kofferraum von Autos. Der Arm einer Frau wird im Fond eines „Schleuserfahrzeugs" zwischen Rückbank und Ablage sichtbar. Seltsame und groteske Schauspiele für die Staatssicherheit waren dies.

Seite 125

Die Staatsgewalt hielt alle Jugendszenen für bedenklich.

Seite 222

Das MfS und die Medien

Unter dem euphemistischen Begriff der „Öffentlichkeitsarbeit" verstand das MfS weit mehr als eine Selbstpräsentation zwecks Mobilisierung der eigenen Bataillone. Eine interne Studie hielt im Wendejahr 1989 die Ergebnisse eines Forschungsvorhabens fest, an dem die ZAIG (Zentrale Auswertungs- und Informationsgruppe) und die Hochschule seit 1985 gearbeitet hatten. Zunächst hatte man die öffentliche Meinung über die Stasi , erforscht. Künftig sollte die Bevölkerung durch die DDR-Medien und nicht durch das MfS informiert werden. „Erhöhung der Medienpräsenz" der Stasi nannte man die geplante Offensive, welche die Massenmedien effektiver instrumentalisierte. Die Ansichten in der Bevölkerung sollten mit dem Image, das die Stasi von sich verbreitet wissen wollte, zur Deckung gebracht werden. Auch wenn die Ergebnisse der Befragungen über das MfS nur angedeutet wurden, war klar, dass es hier viel zu tun gab.
(...)

Ein fortschreitender Wirklichkeitsverlust brachte die Analytiker der „objektiven Realität" jedoch zum Träumen. Dokumentarfilme über die Stasi sollten in den Kinos im Vorprogramm laufen. Mindestens einmal pro Jahr hatte das MfS mit einem abendfüllenden Fernsehfilm auf dem Bildschirm präsent zu sein. Die „Potenz des Rundfunks" wollte man besser nutzen, ausgerechnet über das kritische Jugendradio DT64 wollte man Jugendliche für die Stasi begeistern. „Weitere Verlage, neue Autoren und noch mehr Leser" sollten durch neue belletristische Werke und Sachbücher gewonnen werden. Kurz vor dem Ende der DDR waren die geheimpolizeilichen Allmachtsphantasien schier grenzenlos.
Bereits 1984 lösten Mielkes Dienstanweisungen zur verstärkten Öffentlichkeitsarbeit Betriebsamkeit in der ZAIG aus. Die Erosion der Staatsmacht wollte man in der Propagandazentrale nur zu gern für ein Vermittlungsproblem halten, wie es der Leiter der ZAIG, Irmler, formulierte: „Es geht nicht nur darum, das Richtige zu sagen, zu zeigen usw., sondern darum, das Richtige richtig zu sagen und zu zeigen. Unsere Öffentlichkeitsarbeit muss dazu beitragen, unter der Bevölkerung weiter die Überzeugung herauszubilden und zu vertiefen: Staatssicherheit - das ist etwas, was jedem am Herzen liegt, der es ehrlich mit sich, mit seinem Staat, der Deutschen Demokratischen Republik, meint."

Das MfS betätigte sich als Auftrag- und Ideengeber für Fernsehfilmproduktionen, Dokumentarfilme und sogenannte Tatsachenromane. (...) Doch offenbar reagierte der Deutsche Fernsehfunk nicht auf alle Pläne mit der Aufgeschlossenheit, welche die Spitze des Mfs erwartete. (...) Offensichtlich standen die Kanäle geheimpolizeilicher Einflussnahme in den 80er Jahren nicht mehr selbstverständlich zu Verfügung, sofern es um die plumpe Beweihräucherung des Stasi ging.
Bei der Kontrolle und Zensur der DDR-Medien war der Einfluss indes von Anfang an und bis zuletzt beträchtlich. Auf vielen Ebenen focht man den Kampf gegen unerwünschte Bilder. Langjährige, treue IM observierten die Bildreporter, die bei ADN-Zentralbild unter Vertrag standen.
(...)

Seite 226

Allzu offensichtlich war ihr Realitätsverlust angesichts der inneren Spannungen in der formierten Gesellschaft. Die mediale Antwort des MfS auf diese Herausforderung in Bild und Film wirkte illusionär und hilflos antiquiert.

Piglet.
BStU archive, former MfS archive, German Democratic Republic

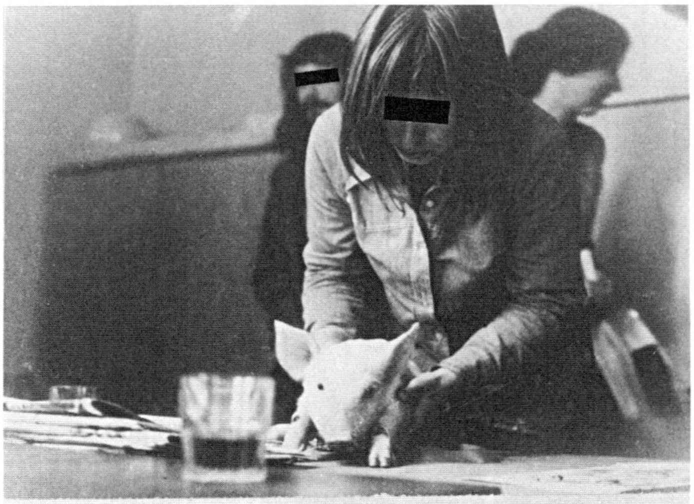

BStU-Kopie MfS AOP 1010/91 Bd. 2

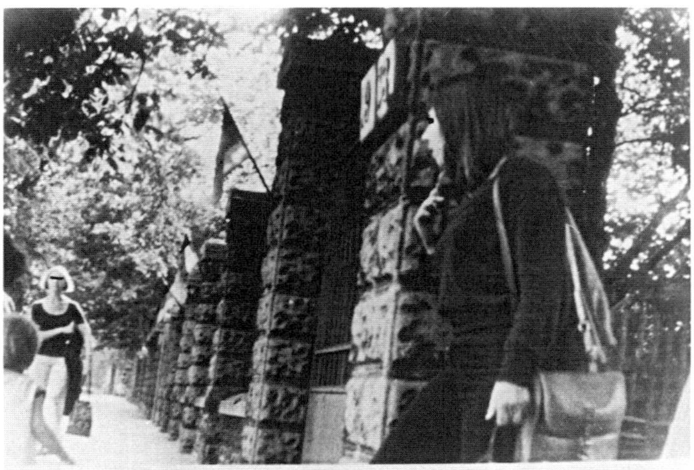

BStU-Kopie MfS AOP 1010/91 Bd.1

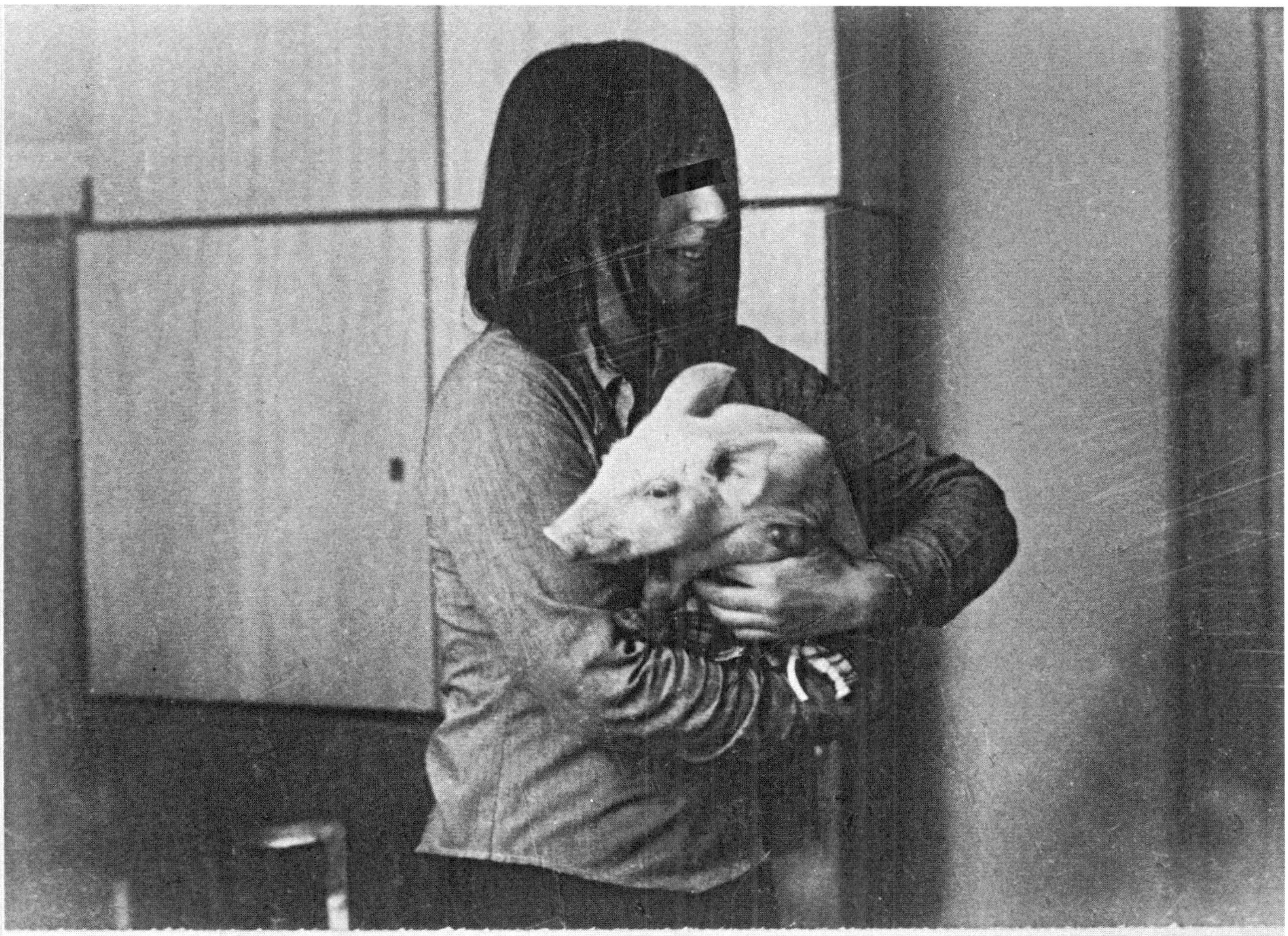

BStU-Kopie MfS AOP 1010/91 Bd. 2

MfS AOP 1010/91 Bd. 2 BStU 441

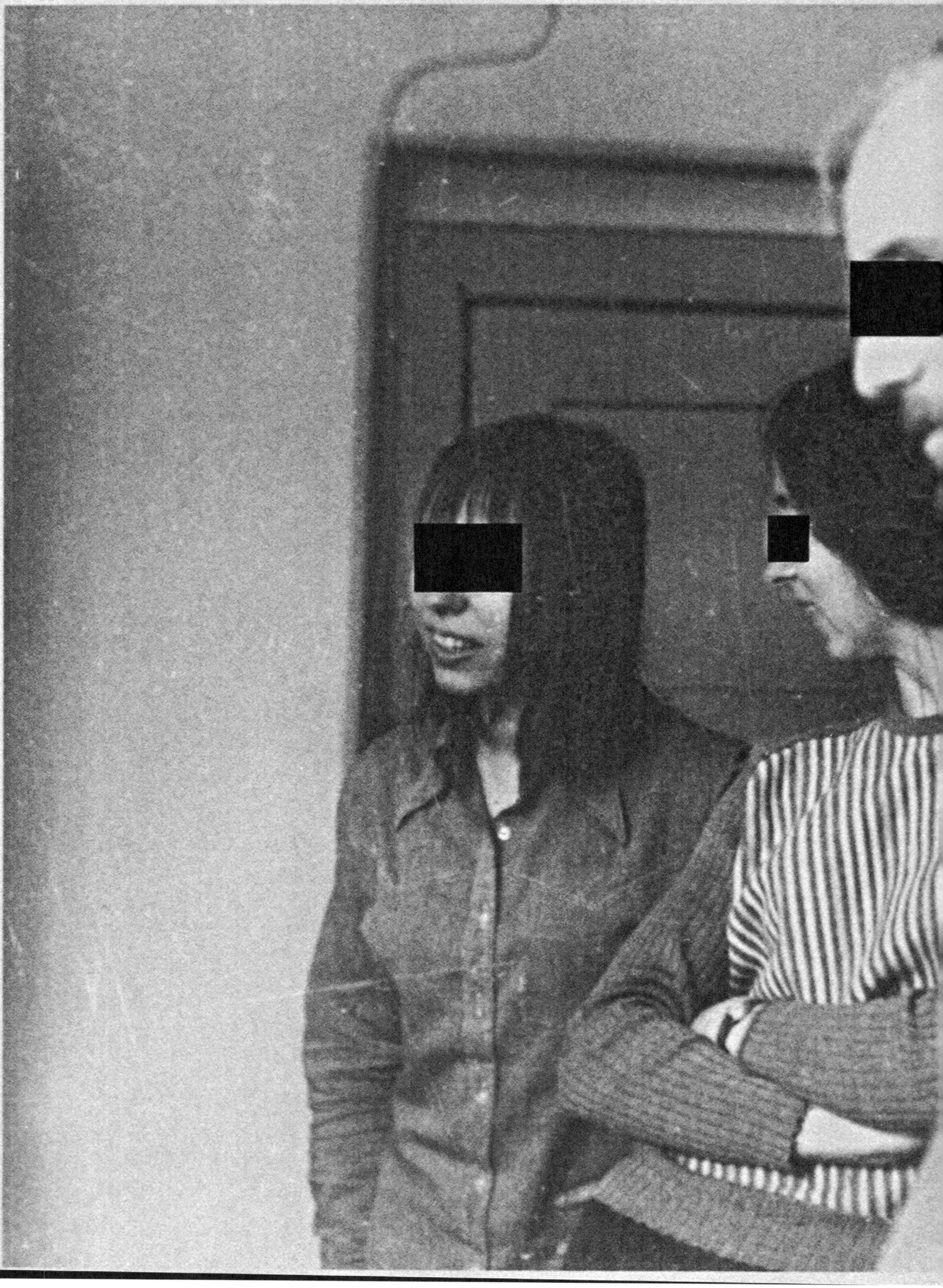

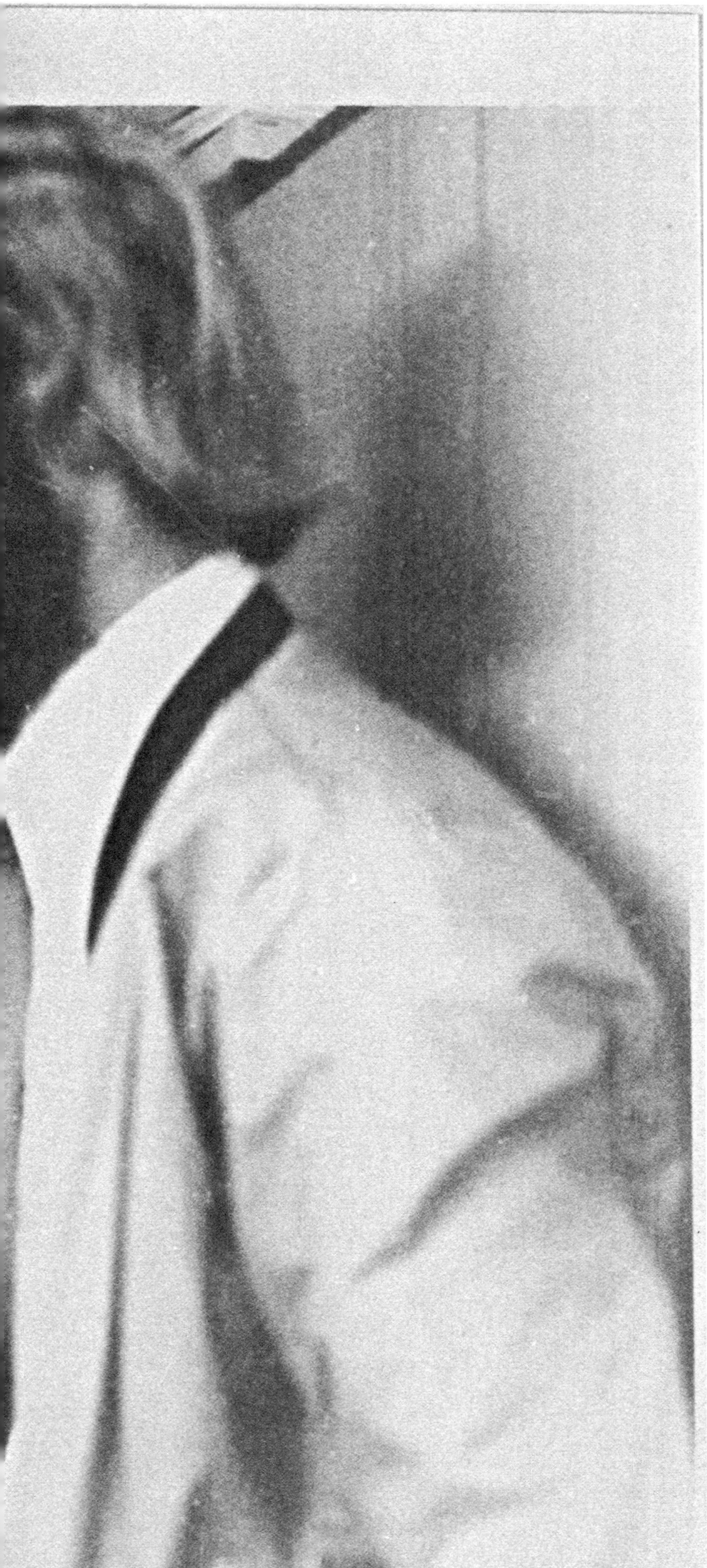

Stasi intern
Macht und Banalität

Herausgegeben vom
Bürgerkomitee Leipzig
Forum Verlag Leipzig
1991

Seite 104

Es war ein Prinzip in der Arbeitsweise des MfS, dass diejenigen, die observierten, mithörten oder mitlasen, nicht wussten, zu welchem Endziel sie dies taten. So wurden Zweifel und mögliche Weigerungen schon im Keime erstickt.
„Die IM müssen überzeugt werden, dass sie am Feind arbeiten ..." empfiehlt das bereits zitierte Lehrmaterial.

Seite 162

Die Arbeit mit inoffiziellen Mitarbeitern ist die Hauptwaffe im Kampf gegen den Feind, sie dient der vorbeugenden und schadensverhütenden Arbeit, zur wirksamen und kontinuierlichen Durchsetzung der Politik der Partei- und Staatsführung. (...) Ihre Arbeit ist eine zutiefst patriotische Tat.
(...)
Es ist klarzustellen, was stärker ist, die persönlichen Bedürfnisse und Interessen des IM-Kandidaten oder seine ablehnende Haltung zum MfS. Eine echte Hilfe und Unterstützung gegenüber IM-Kandidaten in persönlichen oder familiären Belangen bleibt oft lange im Gedächtnis haften. Das Gefühl der Dankbarkeit erzeugt Impulse für eine fruchtbare inoffizielle Mitarbeit.
(...)
Der Kandidat muss geistig rege sein, über Lebenserfahrung verfügen, in der Lage sein, gegebene Instruktionen gewissenhaft umzusetzen sowie selbstständig operativ relevante Erscheinungen zu erkennen und sachlich richtig darzulegen.
Er muss über solche charakterliche Eigenschaften wie Ehrlichkeit, Selbstbewußtsein und Verschwiegenheit verfügen, da Schwatzhaftigkeit und übersteigertes Geltungsbedürfnis Gefahren für die Einhaltung der Konspiration sind. Der Kandidat muss die objektive Möglichkeit haben, seine spezifische inoffizielle Tätigkeit für das MfS gegenüber dritten Personen geheimzuhalten, sowie selbst an der Einhaltung der Konspiration interessiert sein.
Er darf nicht aktive Verbindungen in das NSA unterhalten. Das Geschlecht des Kandidaten ist von untergeordneter Bedeutung.

Seite 167

Treffauswertung:
(z.B. Hinweis auf Inhalt der Berichterstattung, entspricht Auftrag der Einsatzrichtung, Verhalten des IM, Anzeichen von Unehrlichkeit/Unzuverlässigkeit/Dekonspiration, op. Wert und Objektivität der Berichterstattung. Verwertung der erarbeiteten Informationen, ideologische Probleme, erzieherische Maßnahmen, Zuwendungen)

Es war zu erkennen, dass das Vertrauensverhältnis des IMS zum MfS stark erschüttert war. Er gab zu, dass die Rede des Gen. Mielke vor der Volkskammer für ihn das Schlimmste war, was er je gehört hat. Unumwunden gab der IMS im Gespräch zu verstehen, dass nur das gute Verhältnis zum Unterzeichner ihn veranlasst, weiter mit dem MfS zusammenzuarbeiten. (Es bedarf jetzt viel Geduld, um eine weitere inoffizielle Zusammenarbeit mit dem IMS aufrechtzuerhalten)

Seite 178

- Vor dem Treff in der KW (Konspirative Wohnung) ist es i.d.R. erforderlich, mit dem IMK (Inoffizieller Mitarbeiter Konspirative Wohnung) eine kurze Absprache zu führen. Dabei können folgende Probleme berührt werden:
- Was hat sich vom letzten bis zum gegenwärtigen Treff verändert oder ergeben? (z.B. Erscheinen von dem IMK unbekannten Personen, Reparaturen im Hause bzw. in der Wohnung des IMK)
- Gibt es Anzeichen auf eine evtl. Dekonspiration der KW?
- Gegebenenfalls ist nochmals die Verhaltenslinie des IMK für den bevorstehenden Treff des Führungs-IM mit dem IM durchzusprechen bzw. seine Aufgaben dabei zu konkretisieren (z.B. kann es erforderlich sein, dass der IMK während des Treffs die Straße beobachtet und dabei auf bestimmte Personen oder Pkw achten soll).
- (...)
- Zu den Aufgaben des Führungs-IM gehört weiterhin die Überprüfung der KW auf evtl. Veränderungen, Sauberkeit und Ordnung. Der Führungs-IM muss sich z.B. einen Überblick darüber verschaffen, ob nach dem letzten Treff Möbel, Gegenstände u.a. in das Zimmer gebracht oder ausgetauscht wurden, einen anderen Platz erhielten oder aus dem Zimmer entfernt wurden. Es ist auch zu klären, wie derartige Veränderungen begründet werden. Dabei geht es einerseits um die Feststellung solcher Abweichungen von der bisherigen Ausstattung, die sich negativ auf die Treffatmosphäre auswirken können. Andererseits muss auch immer versucht werden, Anzeichen, die auf einen möglichen Einbau technischer Abhöranlagen u. a. hindeuten, festzustellen.
- (...)
- Vom Führungs-IM ist die KW in einem ordungsgemäßen Zustand zu verlassen (Entleeren von Aschenbechern, Abräumen des benutzten Geschirrs)

Young people, early eighties. BStU archive, former MfS archive, German Democratic Republic

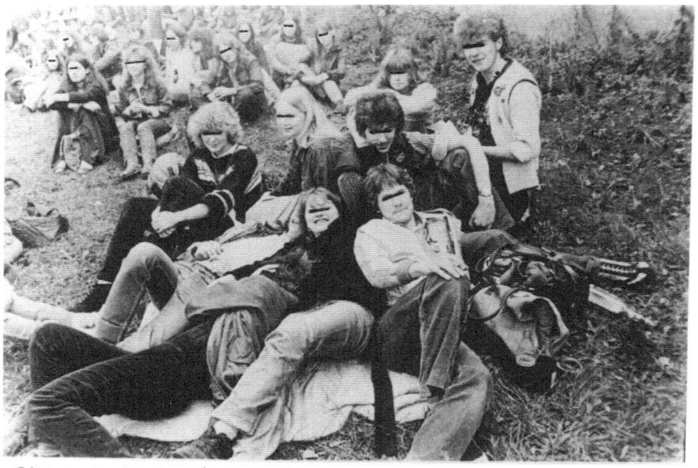

BStU-Kopie MfS-HA XX/Fo/760 Bild 113

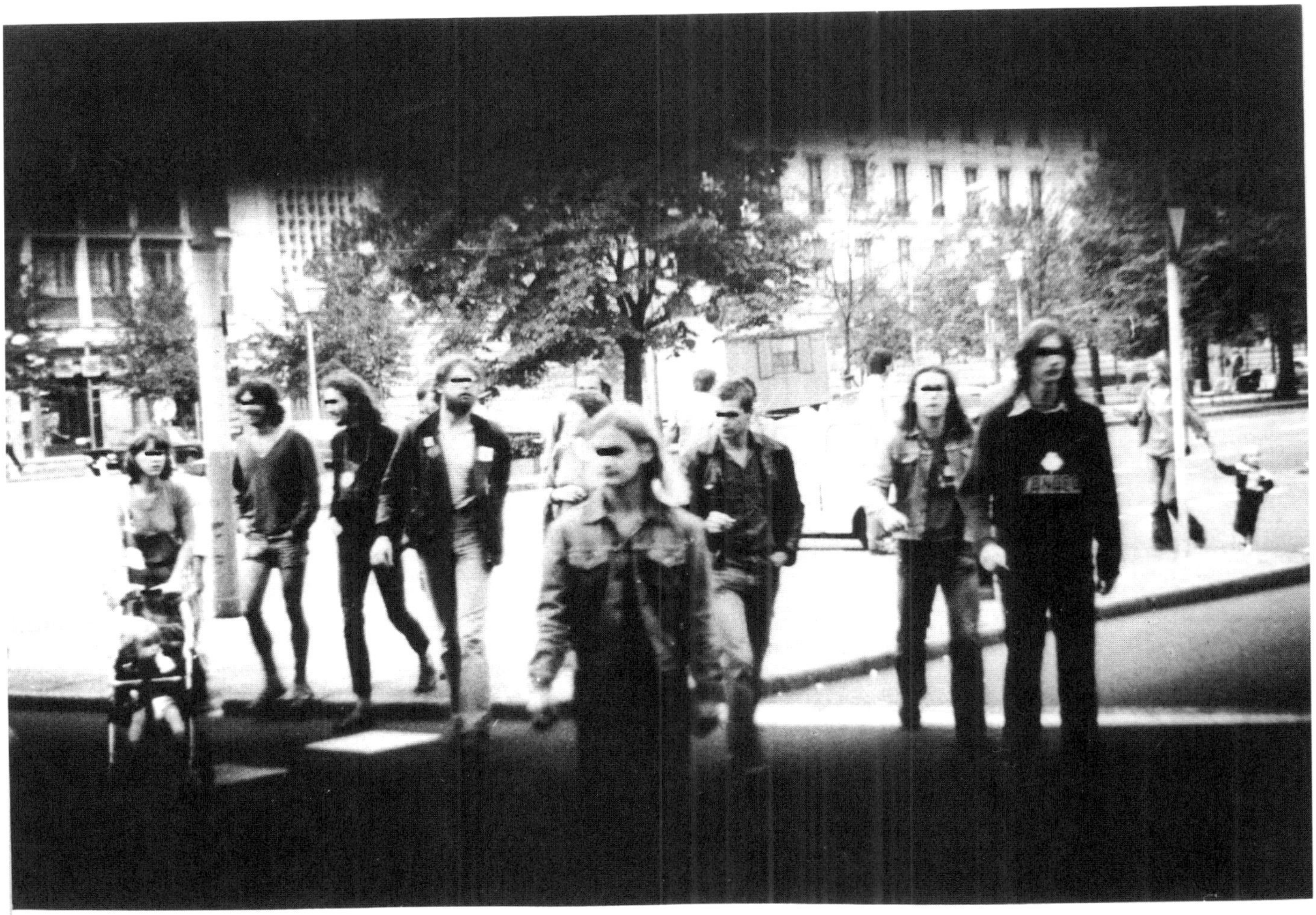

BStU-Kopie MfS-HA XX/Fo/760 Bild 70

Intraduisible
François Piron

Rooms, Conversations : le titre délibérément générique du film réalisé par Dora García est une métonymie à double tranchant. D'une part, il vient signifier que la situation qui y est représentée, une conversation dans une pièce, n'est qu'une parmi une multitude, que cette même situation s'est reproduite au même moment, de manière à peu près similaire, dans nombre d'autres pièces, à peu près similaires. Mais aussi par ailleurs que cette situation, si spécifique soit-elle, est à lire au-delà de son contexte. Jamais, au cours du film, le nom d'un pays ne sera nommé, mais néanmoins, bien avant son issue, nous savons où et quand nous sommes : en Allemagne de l'Est, pendant les années 1980, peu de temps vraisemblablement avant la chute du Mur de Berlin. Une jeune femme est accueillie dans un appartement, elle y a vraisemblablement rendez-vous. Elle est laissée seule dans un salon au mobilier si austère qu'il se donne d'emblée comme scénographie d'une mise en scène théâtrale. La voix masculine de son interlocuteur attendu se fait entendre après un temps, voix-off avant son entrée dans le champ, effectuant une description minutieusement technique de la pièce et de son environnement : état des lieux et master-class d'objectivité informative. Les rôles sont distribués pour un premier acte, dans une relation de domination par le discours. Le rapport factuel des données du lieu ne peut néanmoins manquer de signaler une certaine aporie de la situation et de sa stérilité : « terrain de jeux pour enfants, sans enfants », note-t-il.

Dora García a, en écrivant les dialogues de son film, reconstruit le schéma des réunions informelles entre informateur et agent de la Stasi qui, loin de s'effectuer dans le cadre d'une hiérarchie administrative (les informateurs n'étant pas des fonctionnaires officiels, mais des « collaborateurs officieux »), ressemblaient à des discussions entre connaissances – l'un exerçant une forme d'ascendant sur l'autre –, évoquant des personnes de leur entourage et des observations effectuées sur eux, dans une atmosphère amicale.

Dora García n'effectue ni une analyse historique ni un commentaire politique directs de la situation de surveillance en Allemagne de l'Est qui avait atteint des proportions sans précédents dans un gouvernement européen, mais scrute comment l'imminence d'un changement de paradigme politique a polarisé des positions, mais surtout développé l'ambiguïté d'une situation devenue « intraduisible » entre les différentes manières de l'appréhender. L'apanage bien souvent des commentateurs de « l'ouest » sur « l'est » consistait à moraliser une situation de manière manichéenne, en focalisant la polarisation sur la dissidence et sa répression. L'écrivain Heiner Müller le soulignait dès 1979 dans une lettre au journal *Le Monde* : « les clichés des médias à propos du socialisme, dissidence et / ou dogme, passent à côté de la réalité. Celle-ci n'habite pas les extrêmes. »

L'un des choix de Dora García pour évoquer ce moment de trouble où se redistribuent les données du pouvoir, dans le contexte de l'aporie d'un modèle de gouvernementalité, est de la transcrire en un dialogue où se joue l'ambivalence d'une situation de dépendance réciproque, qui s'apparente à un syndrome de Stockholm symétrique, et de l'incarner dans une polarisation entre masculin et féminin, comme deux manières d'envisager la relation au politique. C'est selon cet angle que je produis ici une certaine lecture, orientée et incomplète, de son film.

Au regard de la première scène du film déjà évoquée, se dessine chez l'homme-agent de la Stasi une vision du politique et de la relation au monde en général : une relation de domination envisagée comme naturelle, liée à l'appropriation du discours et à un principe d'objectivation du monde (l'interprétation envisagée comme simple description neutre et objective). Un point de vue qui se donne comme universel, dans un rapport direct à la vérité entendue comme unicité. C'est vers l'effritement progressif de ce point de vue que se construit le film.

L'informatrice n'est pas dupe des intentions de ce discours, qu'elle clôt en énonçant les conditions de leurs relations : « un agent qualifié sait ce qu'il fait lorsqu'il fait attendre un subalterne », avant d'entrer en conflit avec son interlocuteur sur la nature, jugée absurde, de ses missions de surveillance. Dès lors, se précisent deux visions antagonistes des objectifs de la surveillance : pour l'un, il s'agit de « faire remonter des informations » sur « ce que veulent les gens », pour l'autre, c'est la manifestation d'une séparation entre l'État et le peuple : « Pensez-vous parler la langue de votre peuple ? Est-ce que vous ne me demandez pas de traduire ? » La réalité qu'elle dépeint se révèle comme intraduisible à l'autre : l'homme légitime la surveillance par une vision dominée par la trahison vis-à-vis d'une vérité qu'il détient. La femme, quant à elle, tente de lui faire prendre conscience de l'obsolescence d'un modèle de gouvernance régi par la séparation entre sujets et objets ; elle-même, en tant que sujet se considérant comme objet, se fait témoin de la société des objets, de ceux sur lesquels s'exerce un pouvoir qui touche à leur vie privée, intime, un « biopouvoir » selon les termes de Foucault. Au risque d'une application sans doute caricaturale, on pourrait néanmoins schématiser les deux visions des protagonistes du film de Dora García par ce que Jacques Rancière définit, dans un entretien avec la revue *Multitudes,* comme la différence entre police et politique : « Politique et police ne sont pas deux modes de vie mais deux partages du sensible, deux manières de découper un espace sensible, d'y voir ou de n'y pas voir des objets communs, d'y entendre ou de n'y pas entendre des sujets qui les désignent ou argumentent à leur sujet. »

En révélant sans révolte à son interlocuteur les conditions de sa dépendance (« … Jamais je ne ferais quelque chose pour vous déplaire. Je ne vis pas. J'interprète, je traduis, je joue. (…) Même en couchant avec quelqu'un, je serais tout le temps en train de réfléchir à comment vous en parler dans mon rapport. »), et par-là même en énonçant, sans les contester, les conditions de son existence, la jeune femme modifie les paramètres d'une vision tchéquiste bipolaire, en intégrant sa vie même comme outil et objet du pouvoir. Elle embarrasse l'agent par « les détails de sa vie sexuelle », actualisant et inversant la formule des féministes des années 1970 : « le privé est politique ». Si ce slogan d'émancipation mettait l'accent sur une internalisation de la politique à l'intérieur de la sphère privée (Cf. la formule de Martha Rosler « Bringing the War Home » ou l'équivalence de Jean-Luc Godard dans *Numéro 2 : « Maison = Usine »*), l'informatrice le renverse en exprimant la réalité du biopouvoir : c'est le politique qui devient privé. La société est-allemande, idéologiquement en faveur d'une émancipation des femmes, a rapidement normalisé le travail des femmes, le divorce et le soutien aux familles monoparentales, mais il reste sans doute encore à déterminer comment les aliénations exercées par ce gouvernement sur son peuple ont pu avoir des applications et des conséquences différentes selon le genre sexuel.
Par son absence même de révolte, l'informatrice incarne la révolution à venir, ironisant sur la « situation apocalyptique » décrite par l'agent, préfiguration de la chute du mur de Berlin de l'automne 1989 : retour de la religion, formation de groupes militants, apparition d'une marginalité sociale incontrôlée, autant de facteurs vécus par lui comme la fin d'un monde, le début d'un autre pour elle. « Parce qu'on ne peut ne peut plus faire partie du futur », confesse-t-il, « il convient de faire durer le passé aussi longtemps que possible. »

François Piron (né en 1972) est critique d'art et curateur basé à Paris, où il dirige l'agence curatoriale indépendante WorkMethod. Il a collaboré plusieurs fois avec Dora García, pour les expositions *Invisible Script. Letter to Morel* (W139, Amsterdam, 2005), *Aakey* (CCC, Tours, France, 2006), et *Intouchable* (Villa Arson, Nice, 2006 et Museo Patio Herreriano, Valladolid, 2007). Ils ont réalisé ensemble le projet *CCL-Cellule Cité Lénine* aux Laboratoires, Aubervilliers (France) en 2006, et exposé pour la première fois en septembre 2006 le film *Chambres, Conversations*.

Untranslatable
François Piron

Rooms, Conversations: The deliberately generic title of Dora García's film seems to be a double-edged **metonymy**, signifying on one hand that the situation represented here, a conversation in a room, is only one amongst a multitude; that this same situation is being reproduced at the same moment in approximately the same manner in a number of other rooms very much the same as this one. But one is also reminded that this situation, as specific as it is, can without doubt be understood outside of this context too. Not once, in the course of the film, is a country named. However, well before the end, we know where we are and we know when: in a town in East Germany, during the 1980s - presumably only a short time before the fall of the Berlin Wall. A young woman is received in an apartment; she seems to be meeting somebody. She is left alone in a living room that is so austerely furnished that it immediately assumes the air of a studied staging. The male voice of the person she is waiting for is heard after a little while from 'off stage,' before he appears in the field of view, delivering an elaborately technical description of the room and of his environment: assessing the situation, giving a master-class in espionage, an educational demonstration in instructive objectivity. The roles are cast for a first act, according to the relationship of domination established by discourse. Through the factual report of the particulars of the surroundings, nevertheless, a certain contradiction emerges from the situation and its sterility: "a playground for children, without the children", he observes. This dialogue, written by Dora García for her film, reconstructs the framework within which informal meetings between East German Stasi agents and their informants took place. Far from being carried out within the ambit of an administrative hierarchy (the informants weren't official state employees, but "unofficial collaborators" in civil society), these meetings resembled instead casual, friendly conversations between acquaintances - with one assuming a dominant role - where people of their common acquaintance were discussed and observations exchanged...

Rooms, Conversations doesn't pretend to be a historical analysis, or a direct political or moral commentary on the general surveillance situation in East Germany, which had reached proportions unprecedented in a European government. This film scrutinises, above all, how an imminent change in the political paradigm redistributes the positions, allows the emergence of a previously inexpressible and moreover unspeakable discourse and shows the ambiguity of a situation whose various interpretations had become "untranslatable" between those involved.

When it came to a view of the "East", "Western" commentators were often limited in outlook, moralising a situation in a Manichean fashion, in which only the polarisation of dissent and its repression was taken into account.
The writer Heiner Müller already hinted at this in 1979 when he wrote in a letter to the newspaper *Le Monde:* "The media's clichés of socialism, dissidence and/or dogma are not in line with reality. Reality does not inhabit extremes."

To illustrate the period of confusion during which power was redistributed and during which contradictions became evident in the system, Dora García has created a dialogue in which the ambivalence of a situation of reciprocal dependence emerges, similar to a symmetrical Stockholm syndrome, and embodied it as the polarisation between masculine and feminine, as two ways of looking at politics. It is from this angle that I produce, here, a particular reading, subjective and incomplete, of her film.

With regard to the aforementioned first scene of the film, the man/Stasi agent appears to consider politics through relationships: relationships of domination based on the appropriation of discourse and a principle of objectification of the world (defining interpretation as merely neutral and objective description). This type of perspective, which pretends to be universal and considers its structure to be a natural given, and itself to be in direct relation to the one, unique truth, is characteristic of "male domination" in Pierre Bourdieu's terminology. This film pursues the progressive erosion of this point of view.

The informant is not fooled by the intentions of this discourse, which she ends by pointing out the nature of their relationship: "a qualified agent knows what he is doing when he keeps a subordinate waiting", before beginning to argue with him about the absurdity of her surveillance missions. From then on, two antagonistic visions of the objectives of the surveillance become clear: for one, it is a question of "passing on information" about "what people want"; for the other, it is the manifestation of an irreconcilable separation between state and people, between the governing and the governed: "Do you think you speak the language of your people? Aren't you asking me to translate?" Her reality proves itself untranslatable to him: he justifies surveillance because betrayal is the dominant theme in his view of the world; he sees himself as the keeper of truth, and sees betrayal as the omnipresent perversion of that truth. The woman, however, attempts to make him realise the obsolescence of a system of governance based on the division between subjects and objects. She herself occupies a unique place, at once subject - having access to language in her role as an intermediary - and also as an object whose life is disappropriated through her function ("I don't live. I act, I translate, I play.") Having internalised her condition as object, she then pays testament to the society of objects, over whom a power is exercised that extends well into their private lives, a kind of "biopower", as Foucault would say. At risk of an undoubtedly caricatural application, one could nevertheless outline the respective visions of the film's protagonists by that which Jacques Rancière defines, in a discussion with the periodical *Multitudes,* as the difference between police and politics: "Politics and police are not two ways of life but two parts of all which is perceptible, two ways of dividing up a perceptible space, to see or not to see the objects within it, to hear or not to hear the subjects singling them out and discussing them."

In revealing the conditions of her dependence without revolting against her interlocutor ("...I would never do something that might displease you(...) Even if I slept with someone, I would be thinking the whole time how to describe it to you in my report."), and, even enunciating the conditions of her private existence without objecting to them, the young woman modifies the parameters of a bi-polar Chekist vision, in revealing the incorporation of her life itself as a tool and object of power. She confuses and unsettles the agent by revealing "the details of her sex life", the misplaced invasion of the idea of desire into the heart of his objectivist rhetoric, which updates and reverses the feminist slogan of the 1970s: "the private is political".

If this slogan of emancipation put the accent on an internalisation of politics inside the private sphere (cf. Martha Rosler's slogan "Bringing the War Home" or the equivalence of Jean-Luc Godard in *Numéro 2: "House = Factory"*), the informant inverts this by expressing the reality of biopower: it is politics which has become private. East German society, ideologically in favour of the emancipation of women, rapidly normalised women working, divorce and the support of single parent families, but it remains, without doubt, to be determined how the acts of alienation exercised by the government on its people were able to have different forms and consequences according to gender. It is through her very absence of indignation that the female informant embodies the revolution to come, making ironic comments about the "apocalyptic scenario" described by the agent which foreshadows the fall of the Berlin Wall in the autumn of 1989: the return of religion, the formation of politically active groups, the appearance of uncontrolled groups on the edge of society - all factors which mark the end of the world for him, and the beginning of another for her. "Because you can't be part of the future anymore", he confesses, "it is better to prolong the past as long as possible."

François Piron (born in 1972) is an art critic and curator based in Paris, where he runs the independent curatorial agency WorkMethod. He has collaborated with Dora García several times on the exhibitions *Invisible Script. Letter to Morel* (W139, Amsterdam, 2005), *Aakey* (CCC, Tours, France, 2006), and *Intouchable* (Villa Arson, Nice, 2006, and Museo Patio Herreriano, Valladolid, 2007). Together they produced the project *CCL-Cellule Cité Lénine* at the Laboratoires, Aubervilliers (France) in 2006, and showed the film *Rooms, Conversations* for the first time in September 2006.

Unübersetzbar
François Piron

Zimmer, Gespräche: Der bewusst verallgemeinernde Titel des Films von Dora García scheint eine doppelsinnige Metonymie, die einerseits besagt, dass die dargestellte Situation, ein Gespräch in einem Zimmer, nur eine von vielen ist, dass sich die gleiche Situation im selben Moment in ähnlicher Weise in vielen anderen, ähnlichen Zimmern wiederholt hat. Doch es wird ebenso daran erinnert, dass diese Situation, so spezifisch sie sein mag, gewiss auch außerhalb ihres Kontextes zu verstehen ist. Nie fällt im Laufe des Films der Name eines Landes, und doch wissen wir lange vor dem Ende, wo und in welcher Zeit wir uns befinden: in einer ostdeutschen Stadt der 1980er Jahre; vermutlich kurz vor dem Fall der Berliner Mauer. Eine junge Frau wird in einer Wohnung empfangen, wo sie anscheinend verabredet ist. Sie bleibt allein in einem Wohnzimmer, dessen Einrichtung so nüchtern ist, dass sich der Gedanke aufdrängt, es handle sich um ein elaboriertes Bühnenbild. Nach einiger Zeit ertönt die männliche Stimme des erwarteten Gesprächspartners aus dem Off, bevor er ins Blickfeld tritt; er liefert eine technische Beschreibung des Zimmers und seiner Umgebung en détail: einen Ortsbefund, einer Spionage-Masterclass würdig, als pädagogische Demonstration informativer Sachlichkeit. Die Rollen für einen ersten Akt sind verteilt, gemäß eines Verhältnisses von Dominanz durch den Diskurs. Der Tatsachenbericht über die örtlichen Gegebenheiten kann jedoch nicht umhin, eine gewisse Widersinnigkeit der Situation und ihre Sterilität festzustellen: „Kinderspielplatz, ohne Kinder", stellt er fest.

Dora García hat in den Dialogen ihres Films das Ablaufschema der formlosen Treffen zwischen Informanten und Stasibeamten in der DDR rekonstruiert. Diese fanden durchaus nicht im Rahmen einer Verwaltungshierarchie statt (da die Informanten keine Beamten, sondern zivile, „inoffizielle Mitarbeiter" waren), sie glichen vielmehr zwanglosen, freundschaftlichen Diskussionen zwischen Bekannten – wobei der eine gegenüber dem anderen eine Art väterliche Rolle einnahm – in denen Personen aus ihrem Umkreis erwähnt und Beobachtungen über sie ausgetauscht wurden.

Zimmer, Gespräche gibt sich weder als historische Analyse noch als direkter politischer oder moralischer Kommentar der allgegenwärtigen Überwachungssituation in der DDR, die in ihren Ausmaßen mit keiner anderen europäischen Staatsmacht vergleichbar war. Der Film untersucht eher, wie der bevorstehende politische Paradigmenwechsel Positionen neu verteilt und vorher unaussprechbare und vor allem unhörbare Diskurse aufkommen lässt, und zeigt die Mehrdeutigkeit einer Situation, die aufgrund der verschiedenen Wahrnehmungsweisen „unübersetzbar" geworden ist. Oft beschränkten sich „westliche" Kommentatoren auf eine Sicht des „Ostens", in der die Verhältnisse auf einseitige Weise moralisiert wurden, einzig unter dem Aspekt der Polarisierung von Dissidententum und seiner Unterdrückung. Der Schriftsteller Heiner Müller wies darauf bereits 1979 in einem Brief an die Zeitung „Le Monde" hin: „Die Klischees der Medien über Sozialismus, Dissidententum und/oder Dogma gehen an der Wirklichkeit vorbei. Diese lebt nicht in Extremen."

Um diesen Moment der Verwirrung wiederzugeben, in dem die Machtverhältnisse neu verteilt werden und die Widersprüchlichkeit einer Staatsform zutage tritt, entschied sich Dora García unter anderem dafür, ihn in einen Dialog zu übertragen, in dem die Ambivalenz eines Zustandes gegenseitiger Abhängigkeit deutlich wird – einem symmetrischen Stockholm-Syndrom ähnlich – und sie in einer Polarisierung zwischen Männlichem und

Weiblichem als zwei Arten des Umgangs mit dem Politischen zu verkörpern. Aus diesem Blickwinkel heraus entwickle ich hier meine Deutung des Films, subjektiv und gewiss nicht allumfassend.

Im Hinblick auf die bereits erwähnte erste Szene des Films zeichnet sich bei dem Mann/Stasibeamten eine Denkweise ab, die das Politische durch ein Verhältnis zum Anderen betrachtet: ein Dominanzverhältnis, das auf Diskursaneignung und dem Prinzip der Objektivierung der Welt beruht (Interpretation lediglich als neutrale und objektive Beschreibung). Eine Auffassung, die sich allgemeingültig gibt und ihre Entstehung als natürliche Gegebenheit erwägt, die in direktem Bezug zur Wahrheit - von der es nur eine gibt - steht; Merkmal der „männlichen Herrschaft" im Sinne von Pierre Bourdieu. Der Film arbeitet jedoch auf den allmählichen Zerfall dieser Auffassung hin.

Die Informantin lässt sich über die Absichten dieses Diskurses nicht täuschen, sie beendet ihn, indem sie auf die Art ihrer Beziehungen verweist: **„Sie sind gelernter Sicherheitsmann, und Sie wissen was Sie bewirken, wenn Sie Untergebene warten lassen."** - und anschließend mit ihrem Gesprächspartner über ihre als absurd empfundenen Überwachungsaufträge in Streit gerät. Von diesem Augenblick an kristallisieren sich zwei gegensätzliche Ansichten über den Zweck der Überwachung heraus: Für den einen geht es darum, „Informationen weiterzuleiten über das, was die Leute wollen", für die andere zeigt sich dabei eine unversöhnliche Trennung zwischen Staat und Volk, zwischen Regierenden und Regierten: **„Glauben Sie, dass Sie die Sprache Ihres Volkes sprechen? Ist es nicht eher so, dass Sie mich fragen zu übersetzen?"** Die von ihr geschilderte Wirklichkeit erweist sich als unübersetzbar für den anderen: Der Mann rechtfertigt die Überwachung durch eine von der Idee des Verrats beherrschten Anschauung, in der Verrat die allgegenwärtige Pervertierung der Wahrheit ist, die er allein besitzt. Die Frau dagegen versucht ihm die Überholtheit eines Regierungsmodells bewusst zu machen, das auf der Trennung zwischen Subjekten und Objekten beruht. Sie selbst nimmt dabei eine Sonderstellung ein, sie ist gleichzeitig Subjekt mit Zugang zur Sprache, in ihrer Eigenschaft als Vermittlerin, aber auch Objekt, ihrem Leben gerade durch ihre Funktion entfremdet (**„Ich lebe nicht. Ich interpretiere, ich übersetze, ich spiele."**). Sie hat ihr Objekt-Sein verinnerlicht und wird zur Zeugin in der Gesellschaft der Objekte, jener, über die eine bis in ihr Privatleben reichende Macht ausgeübt wird, eine Art von „Biomacht", um mit Michel Foucault zu sprechen. Auf die Gefahr hin, ins Karikaturistische zu geraten, könnte man jedoch die jeweiligen Auffassungen der Protagonisten im Sinne von Jacques Rancière schematisieren, als Unterschied zwischen Polizei und Politik, den er in einem Gespräch mit der Zeitschrift *Multitudes* wie folgt definiert: „Politik und Polizei sind nicht zwei Lebensformen, sondern zwei Teile des Fühlbaren, zwei Arten, einen wahrnehmbaren Raum aufzuteilen, darin gewöhnliche Objekte zu sehen oder auch nicht und die auf sie zeigenden oder über sie redenden Subjekte zu hören oder auch nicht."

Indem sie ihrem Gegenüber ohne Empörung die Umstände ihrer Abhängigkeit offenbart (**„... Ich würde nie etwas tun was Ihnen missfallen würde... selbst wenn ich mit jemandem ins Bett ginge, müsste ich dabei die ganze Zeit darüber nachdenken, wie ich es Ihnen in meinem Bericht mitteilen könnte."**) und im gleichen Zuge unumwunden die Umstände ihres Privatlebens darlegt, ändert die junge Frau die Parameter eines bipolaren tschekistischen Weltbildes - sie deckt die Einverleibung ihres Lebens als Werkzeug und Objekt der Macht auf. Sie verwirrt und destabilisiert den Beamten durch „die Details ihres Sexuallebens", durch dieses unangebrachte Hereinplatzen eines begehrlichen Prinzips in seine objektivistische Rhetorik, das die feministische Losung der 1970er Jahre aktualisiert und auf den Kopf stellt: „Das Private ist politisch." Dieser Emanzipationsslogan legte die Betonung auf eine Internalisierung der Politik in die Privatsphäre (vgl. den Titel von Martha Rosler „Bringing the War Home" oder die Entsprechung von Jean-Luc Godard in *Numéro 2*: „Haus = Fabrik"); die Informantin kehrt ihn um und drückt die Realität der Biomacht aus: Hier wird das Politische privat. In der ostdeutschen Gesellschaft, deren Ideologie die Emanzipation der Frau befürwortete, waren arbeitende Frauen, Ehescheidung und Unterstützung für Alleinerziehende schnell zur Normalität geworden, aber es bleibt zweifellos noch zu ermitteln, welche unterschiedlichen Ausprägungen und Konsequenzen die von dieser Regierung bei ihrem Volk erzeugten Entfremdungen unter den beiden Geschlechtern gehabt haben.

Gerade durch ihre fehlende Empörung verkörpert die Informantin die bevorstehende Revolution, während sie sich ironisch über die von dem Beamten beschriebene „apokalyptische Situation" äußert, die einen Vorgeschmack vom Mauerfall im Herbst 1989 gibt: die Wiederkehr der Religion, die Bildung von politisch aktiven Gruppierungen, das Auftauchen unkontrollierter sozialer Randexistenzen - lauter Faktoren, die er als Weltuntergang empfindet und sie als Beginn einer neuen Welt. **„Da Du nicht mehr Teil der Zukunft sein kannst,"** gesteht er, **„ist es das Beste, die Vergangenheit so lang wie möglich fest zu erhalten."**

François Piron (geboren 1972) ist Kunstkritiker und Kurator in Paris, wo er das unabhängige Kuratorium WorkMethod leitet. Er hat bereits mehrere Male mit Dora García zusammengearbeitet: im Rahmen der Ausstellungen *Invisible Script. Letter to Morel* (W139, Amsterdam, 2005), *Aakey* (CCC, Tours, Frankreich, 2006) und *Intouchable* (Villa Arson, Nizza, 2006 und Museo Patio Herreriano, Valladolid, 2007). 2006 realisierten sie gemeinsam das Projekt *CCL-Cellule Cité Lénine* in den Laboratoires in Aubervilliers (Frankreich), den Film *Chambres, Conversations* zeigten sie erstmals im September 2006.

Night meeting.
BStU archive,
former MfS archive,
German Democratic
Republic

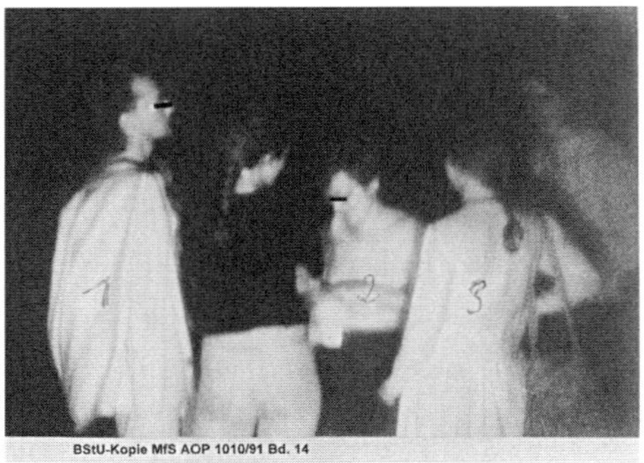

BStU-Kopie MfS AOP 1010/91 Bd. 14

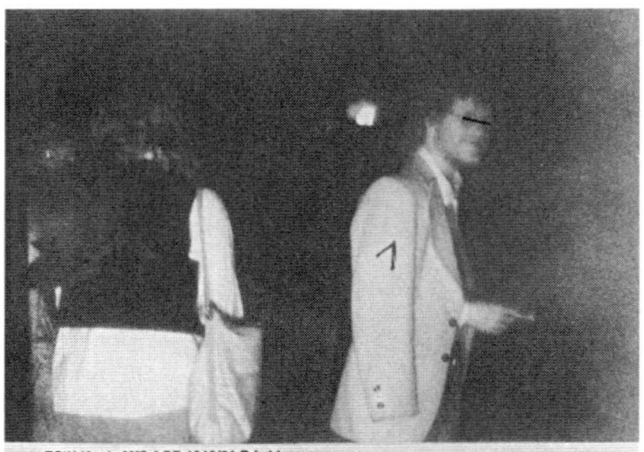

BStU-Kopie MfS AOP 1010/91 Bd. 14

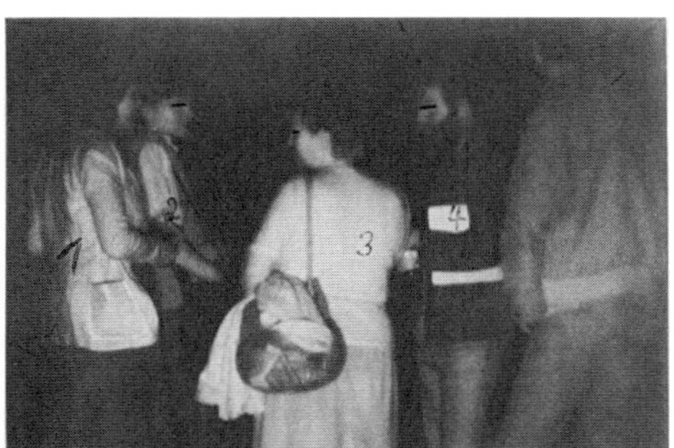

BStU-Kopie MfS AOP 1010/91 Bd. 14

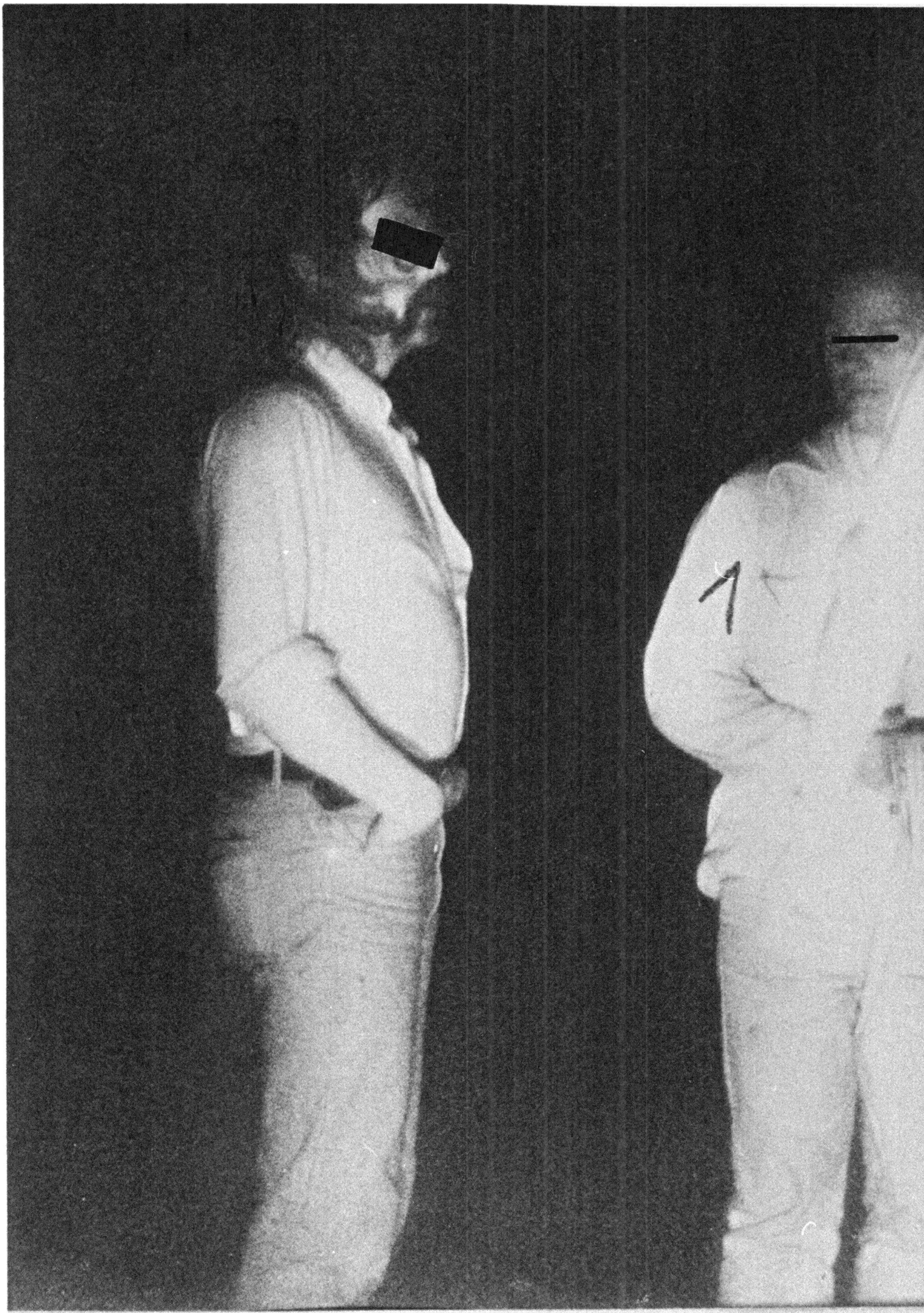

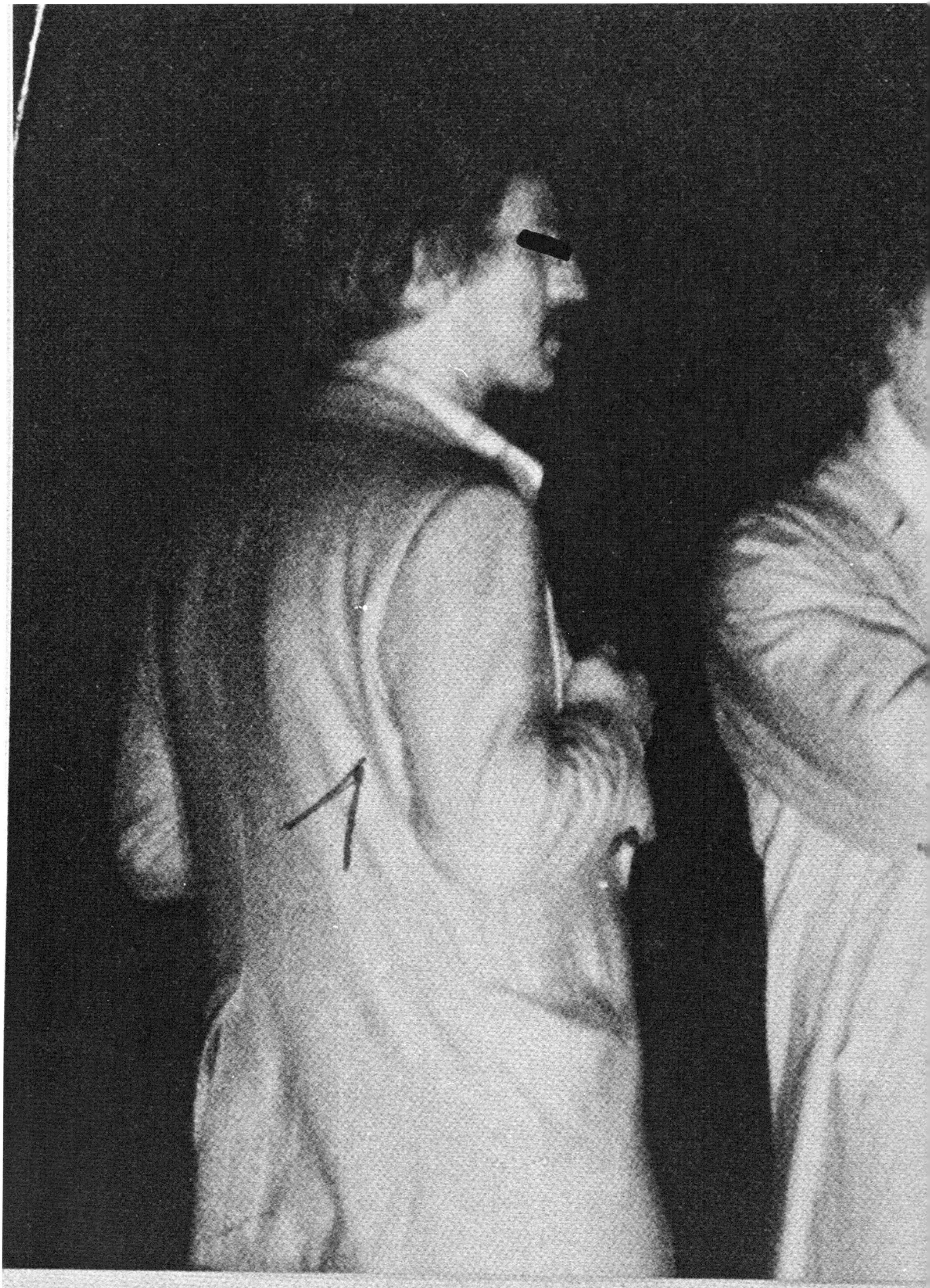

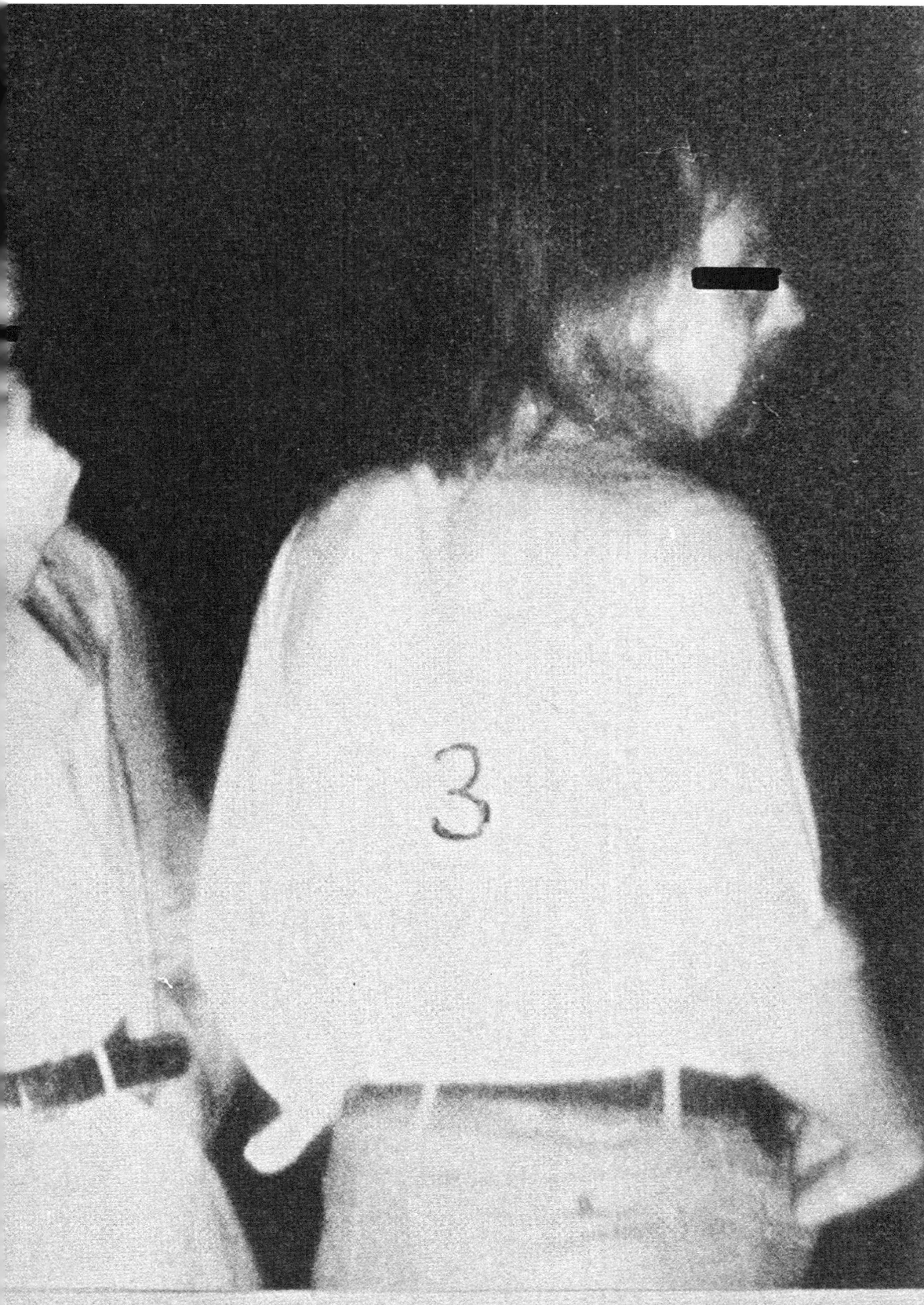
3

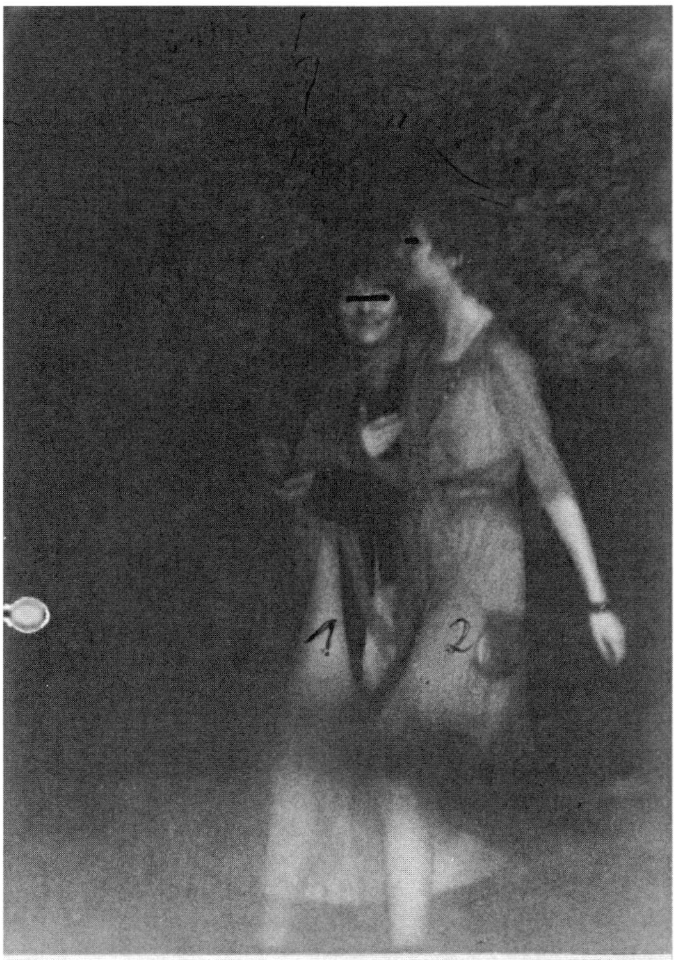

BStU-Kopie MfS AOP 1010/91 Bd. 14

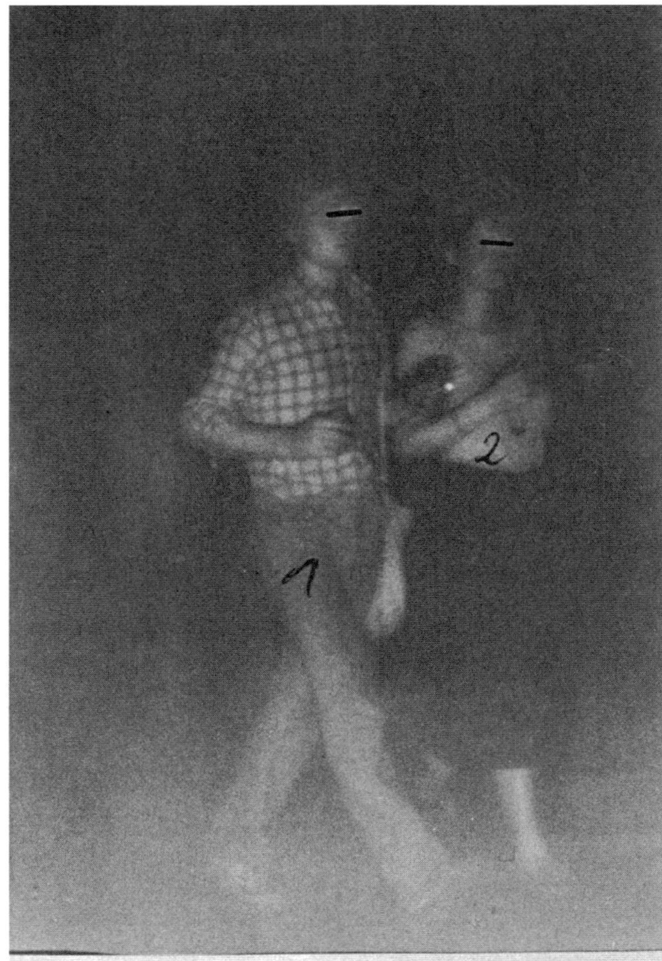

BStU-Kopie MfS AOP 1010/91 Bd. 14

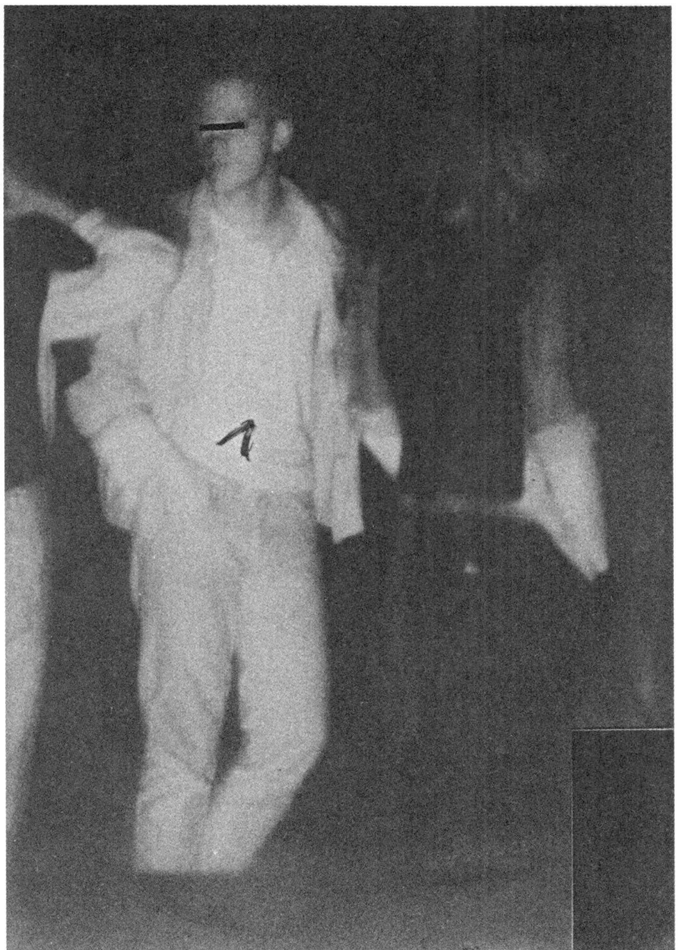

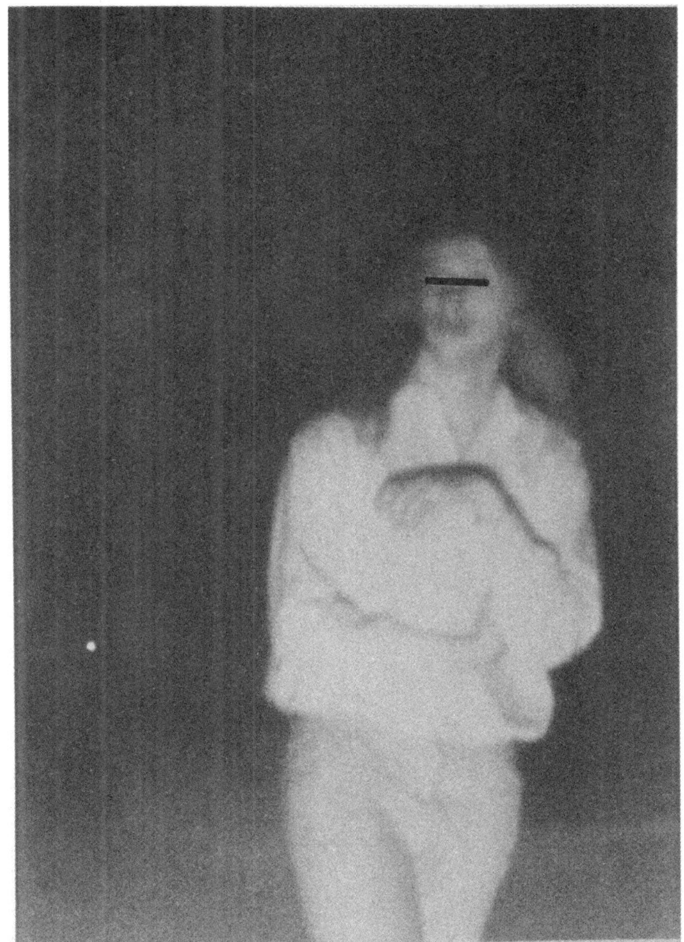

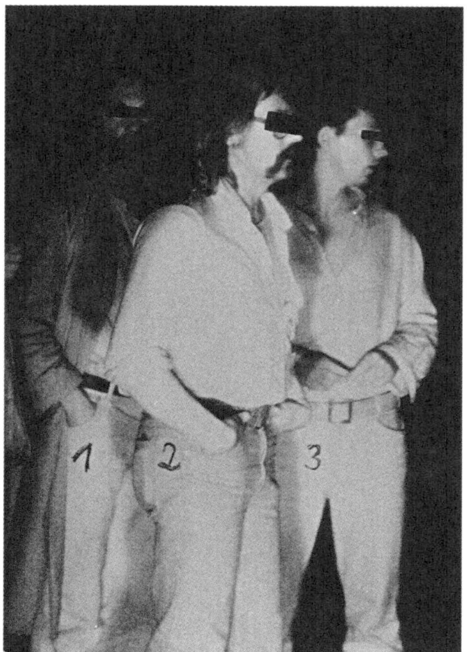

BStU-Kopie MfS AOP 1010/91 Bd. 14

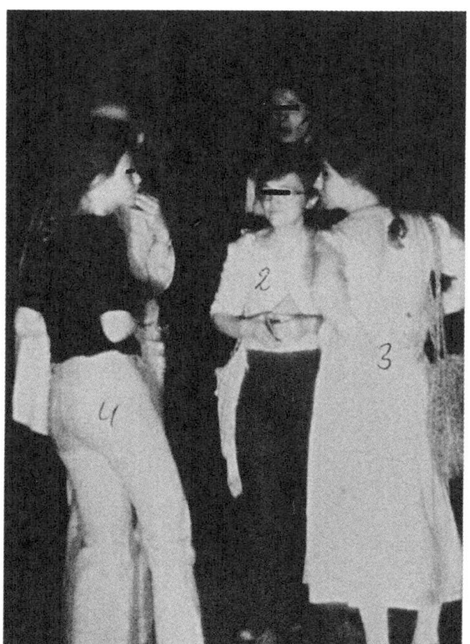

BStU-Kopie MfS AOP 1010/91 Bd. 14

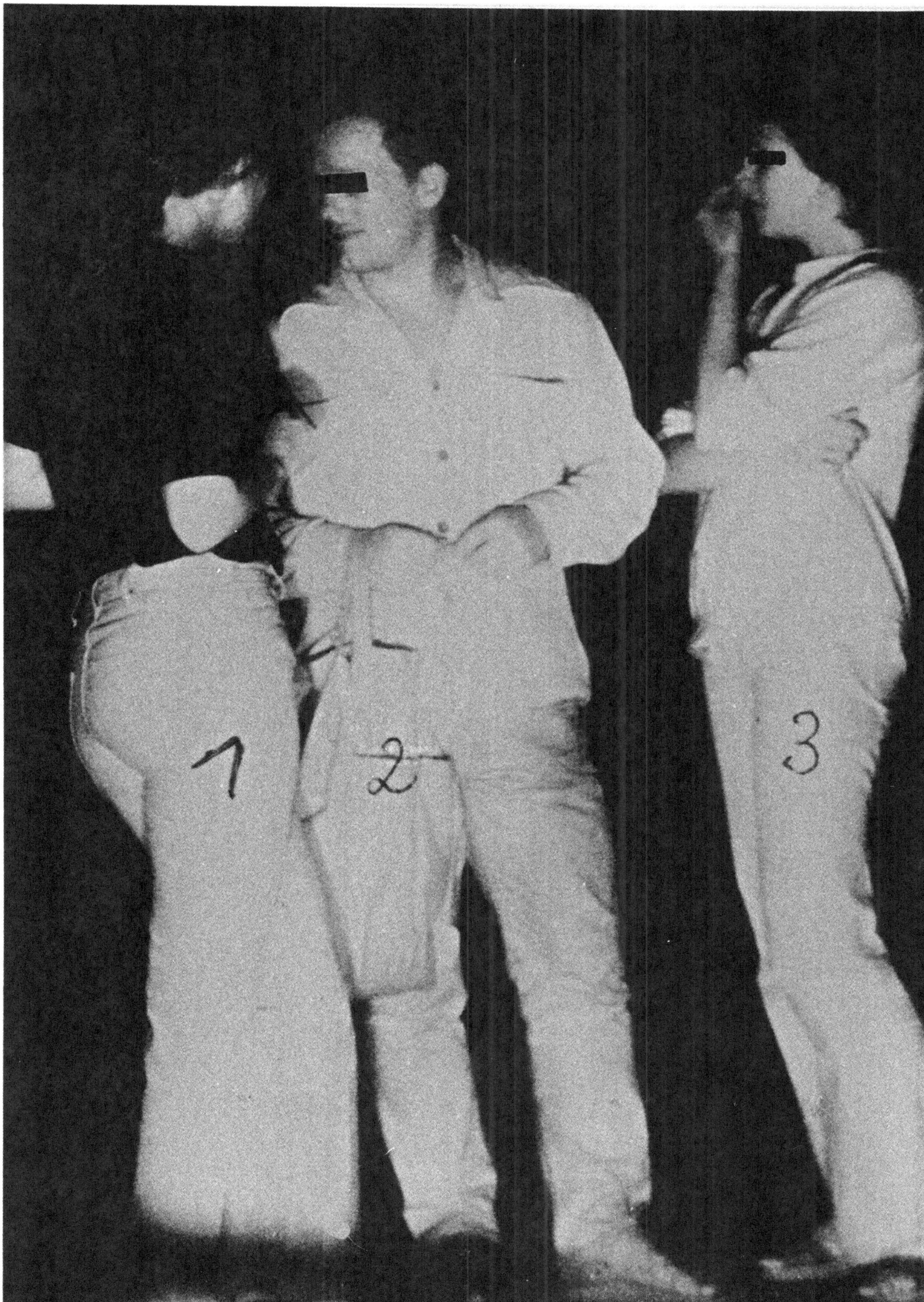
1
2
3

Rooms, Conversations

BLACK
FEMALE VOICE

What are you accusing me of?

I would never do something that might displease you. I don't live, I act. I translate. I play. Even if you'd see me kissing someone passionately, I'm not kissing him. I'm looking for the reason for that kiss. I'm looking for the hidden meaning, the message that it sends.

Even if I slept with someone, I would be thinking the whole time how to describe it to you in my report.

It doesn't matter what you've seen me do. You can't take an embrace or a kiss seriously if you know that you have a tape recorder in your pocket recording everything. You know there can be no real contact between the people you've asked me to watch and myself.

You mean the world to me, but I also mean the world to you. I can only be myself when I'm with you. My work is of the utmost exclusivity. It excludes everyone, except the two of us. If you were to turn your back on me, I would be all alone.

IMAGE
MALE VOICE

To stay or not to stay?

Apparently that was always the only question in this republic. All the chitchat was just an excuse for the one and only issue: Whether someone intended to leave the country or not. Evidently, that had become the main criterion to judge the existence of a person. The question whether or not one intended to stay, occupied the collective conscience completely. The question had long become a paraphrase of Hamlet's monologue.

Thinking about this question had become the only common point between all our citizens.

Anywhere else, when people ask for the time, they ask because that's what they want to know. It is the same over here. But besides that they want to prove that they were somewhere at a certain time. The people are constantly working on their alibis.

Nothing is normal.

What seems normal, irrelevant or trivial, in reality is packed with messages, that only a trained eye can recognise.

Everything has meaning. Every book contains a secret message. Every gesture on the street means something. Every deviation of the complex choreography of the good citizen has some meaning or other. Every word is spoken for at least two reasons.

In the first place, to be heard by everyone. And in the second place, to send a message to those who can understand it.

To us, nothing is more meaningful than what we can't understand.

TITLE: ROOMS, CONVERSATIONS
LIVING ROOM, *PLAN-SÉQUENCE*

MALE VOICE

This is the living room of a three-bedroom flat, type WBS 70. The walls and ceiling are covered in textured wallpaper. The texture is coarse, the colour is splendid white. Latex. There's a windowpane in the kitchen door. The glass is yellow and wavy, the framework is brass. It's not clean. The windowpane is dirty. The heating is an old model. The ribbed radiator has a closing valve. Its colour is castor brown. There's some water damage to the floor, caused by the radiator. The windowsill is made of wood and painted brown. The double window has old fashioned wood frames and double-glazing. The left pane is frosted glass, not clean and is in bad condition.
The courtyard is a U-shaped space, type WBS 70. The left side has balconies, the right side has no balconies. In the courtyard, there are trees, bushes and a lawn. In the middle there's a children's playground without any children. The living room door has a yellow, wavy windowpane in it. The framework is brass as well and has not been cleaned either. In the room, there's a lounge suite covered with light green fabric with dark green stripes. The stool is light green as well. In the middle there's a white table, made of polyurethane foam with metal casters. There's beige PVC floor covering, which is shabby. There's skirting board along every wall, they're plastic and grey.

DIALOGUE
Between the female IM and the male Stasi Führung Officier (FO)

FO: You are much too early, Miss.
You've been waiting for twenty minutes outside and...
Yes, at least five minutes in this room.

IM: Or you are too late. An experienced agent knows what he's doing when he makes subordinates wait. So I have to assume I'm no longer needed because I'm unreliable? Are you checking up on me? With these pointless tasks?

FO: Pointless tasks? I bought you something. A little something.

IM: Is that the usual procedure in this kind of situation?

FO: What situation? Could you be a little more tactful?

IM: Why don't you admit you didn't trust me from the start? You still don't.

FO: I trust you completely. I want to prepare you for difficult situations.

IM: I only ever wanted to meet your expectations. But your expectations don't seem to be very high. You obviously think I'm not capable.

FO: You're mistaken. I want to protect you.

IM: You're the only one I'm afraid of.

FO: Is that a compliment?
… Do you need something? Do you need money? If there's something wrong, you just have to say it. Don't be afraid.

Very well, let's begin. Tell me about your meeting yesterday. Who was there? What happened? Who did you talk to? And so on.
IM: There's nothing to tell. Everything was normal. The people were normal, the discussions were normal.

FO: And because everything was normal, you believe it's useless to tell me about it? Remember: *Nothing is normal*.
Or, do you think that I'm not interested in *normal* things? Do you think I'm only interested in *abnormal* things? How do these people live? What do they live on? Where did they get their watches? How is their marriage? Who looks after the children? Does anyone have homosexual tendencies? That's important. Which brand of cigarettes? What car? You yourself should of course never answer very precisely. Be mysterious. They'll be interested and they'll keep inviting you.

IM: I know what you mean. I've always done that. But I simply can't see something dangerous, something suspicious, something hostile in these people.

FO: But we don't want to harm these people. On the contrary. We want to understand them and vice versa, be understood by them. You help these people by talking to us. You are a go-between.

IM: Do you really think you can understand them? Do you believe you speak the language of your people? Isn't it more the case that you're asking me to translate? Your truth is not the only truth. You should be more open to other truths.

FO: Be more open to other truths? Where did you come up with that, my dear? There are not several truths. There's only one truth. And we, we have a lease on that truth. But we shouldn't waste much time by establishing what this truth is.

IM: That means that you believe in principle that people can't decide themselves what the truth is?

FO: The point is not what people can do, but what people want to do. Do you understand? No, you don't understand. You don't want to understand. Go ahead, be emotional. You think too much about the effects of those things that simply *have to be done*. Believe me, your life will be much easier if you just do the things you're required to do. It's better to let the rest simply take its course or, let things be done by people who know what they are doing.

IM: Leave the rest to destiny. And destiny, that'd be you?

FO: Destiny, that sounds a little old fashioned. But destiny will soon get another name, a new name. Probably.

IM: Do you really believe that?

FO: Yes. The world is in disarray. Don't you see?

IM: Why do you say that the world is in disarray?

FO: Embassies are being stormed. New action groups are constantly being formed. Many young people find their haven in the church. Then you have the *skins*, and *punks*, and disquiet at sporting events is increasing. Everyone hungers for hard currency and they buy it with impudence. Not to mention exit visas, so fashionable at the moment.

IM: That sounds very apocalyptic.

FO: It is.

CUT

IM: What are you accusing me of?

FO: I am not accusing you. I just think you don't follow my instructions. Or rather, that you follow them too passionately.

IM: I'd never do anything to displease you.

FO: That's not the point. You ought to give me valuable information.
You do work for us, don't you?

IM: Do you really think I have a life besides you? I don't live, I act. I translate. I play. Even if you'd see me going to bed with someone, I would only be thinking about how to describe it to you in my report.

FO: Please, Miss. Spare me the details of your sex life. We're at work here.

IM: I only wanted to give you proof of my loyalty. Because you doubt my loyalty. You know that real contact with the people I'm supposed to watch is impossible.

FO: Really?
… Real or not, it is certain that you've made contact.

IM: I really thought I did what you asked.

FO: And you have. It was just a little joke. You've done very well!… I only wished you would get a better partner, an *operationally* more valuable friend.

IM: He shouldn't know about our relationship.

FO: (*doing as if he were talking to a tape recorder*) "I.M. stresses that she does not want her partner to know about the collaboration with the MfS. Conspiracy and secrecy !"
… You don't need to be afraid. You're not alone, believe me. You mean the world to me, like I ought to mean the world to you. You can only be yourself when you're with me.

IM: You've said it. If you were to turn your back on me, I would be all alone.

FO: (*gets up*) But don't get me wrong. I'm not your father either.
I am... a very normal and replaceable middleman. I'm a pen-pusher with sleeve protectors. I have to depend on your information.
… Or, maybe… I am your father after all. A father who makes sure your account is never overdrafted, no matter how much you withdraw.
I'll ask you again: Do you need money?

-end of dialogue-

MALE VOICE

If you were to ask our collaborators how they came to work with us, I bet not one would remember. The start of our productive co-operation seems shrouded in the mists of the paranormal, the realm of dreams. We have all met in a dream. No one ever decided to work with us. It was already decided. *Deus ex machina:* an order of higher powers. Not only is the real reason they began to work with us buried deep in their subconscious, but the reason why they did it, is their subconscious itself.

I couldn't find myself in a better situation than this. It's all downhill from here for me.

If you're over forty, you can only go on. Because you can't be part of the future anymore, it is better to prolong the past as long as possible. I could never talk to you. You would never listen to me… in that future, which I'm so desperately trying to keep back.

In that future, I won't be anything anymore.

BLACK

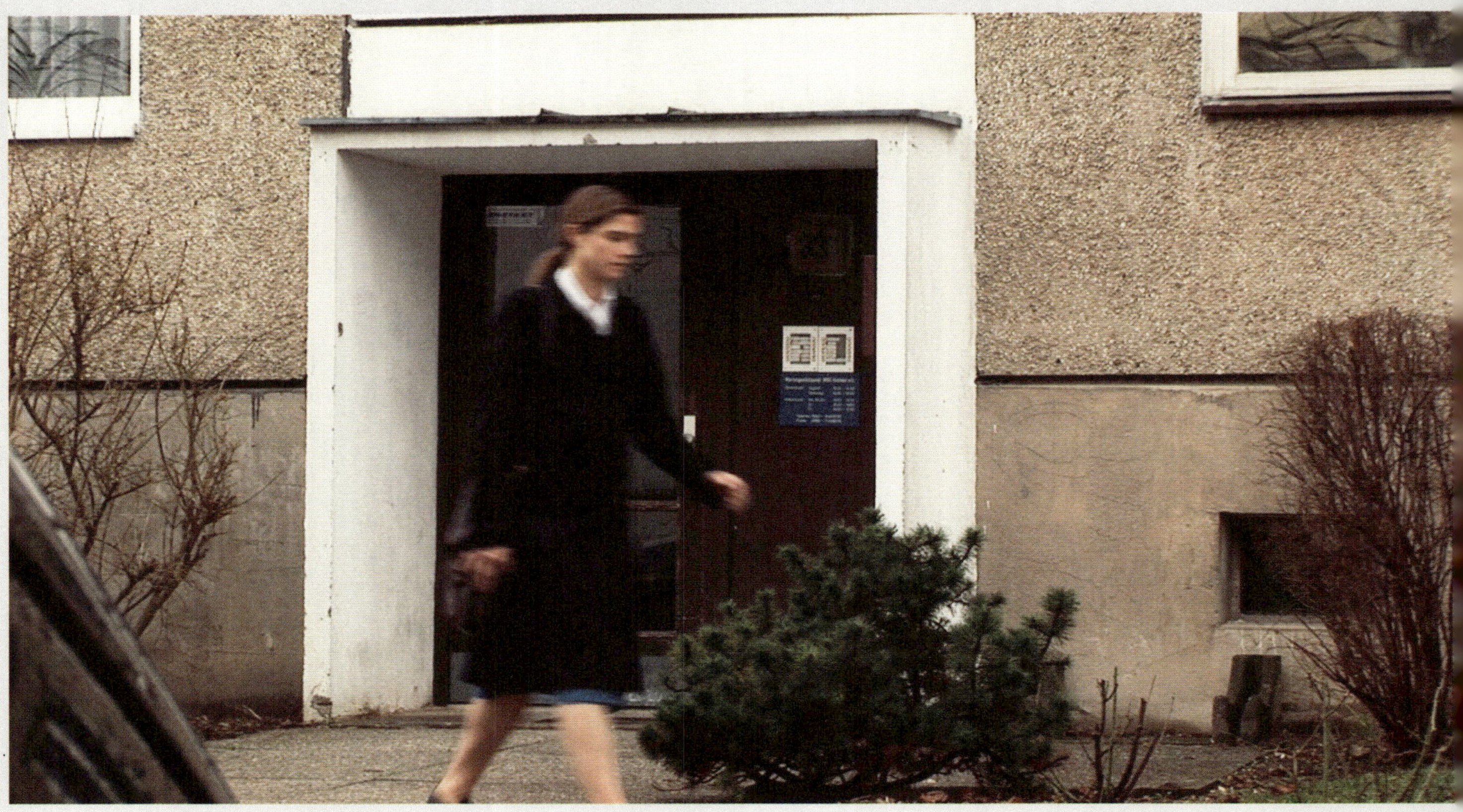

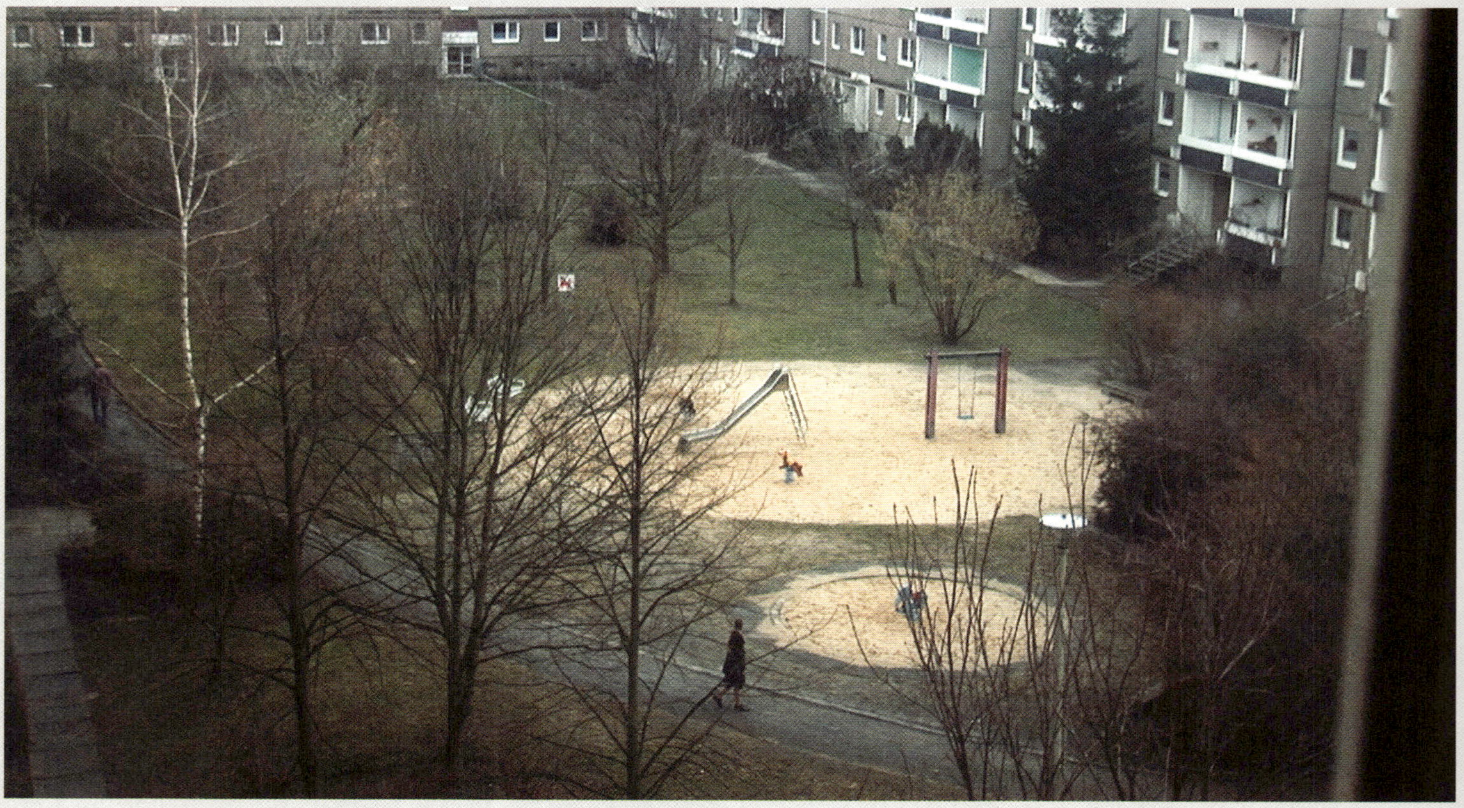

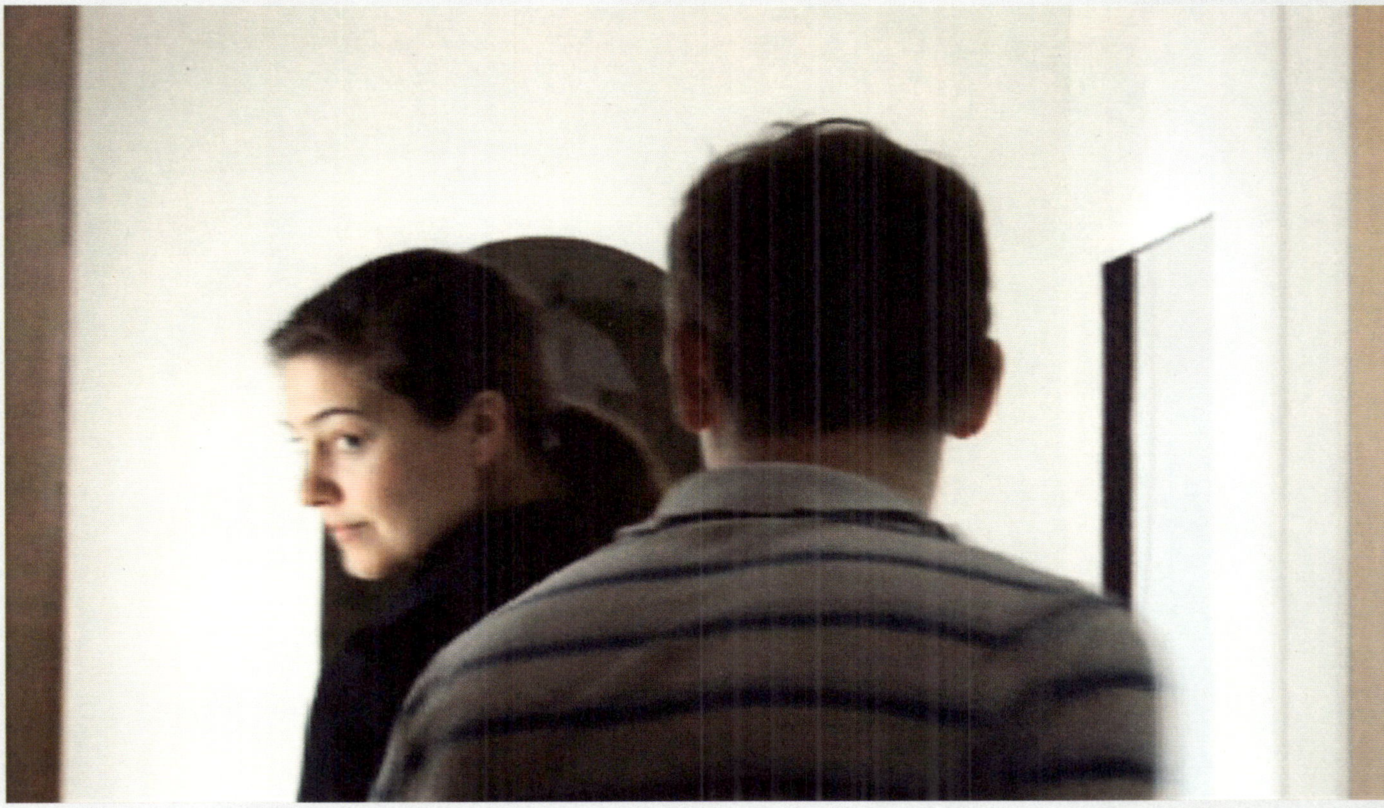

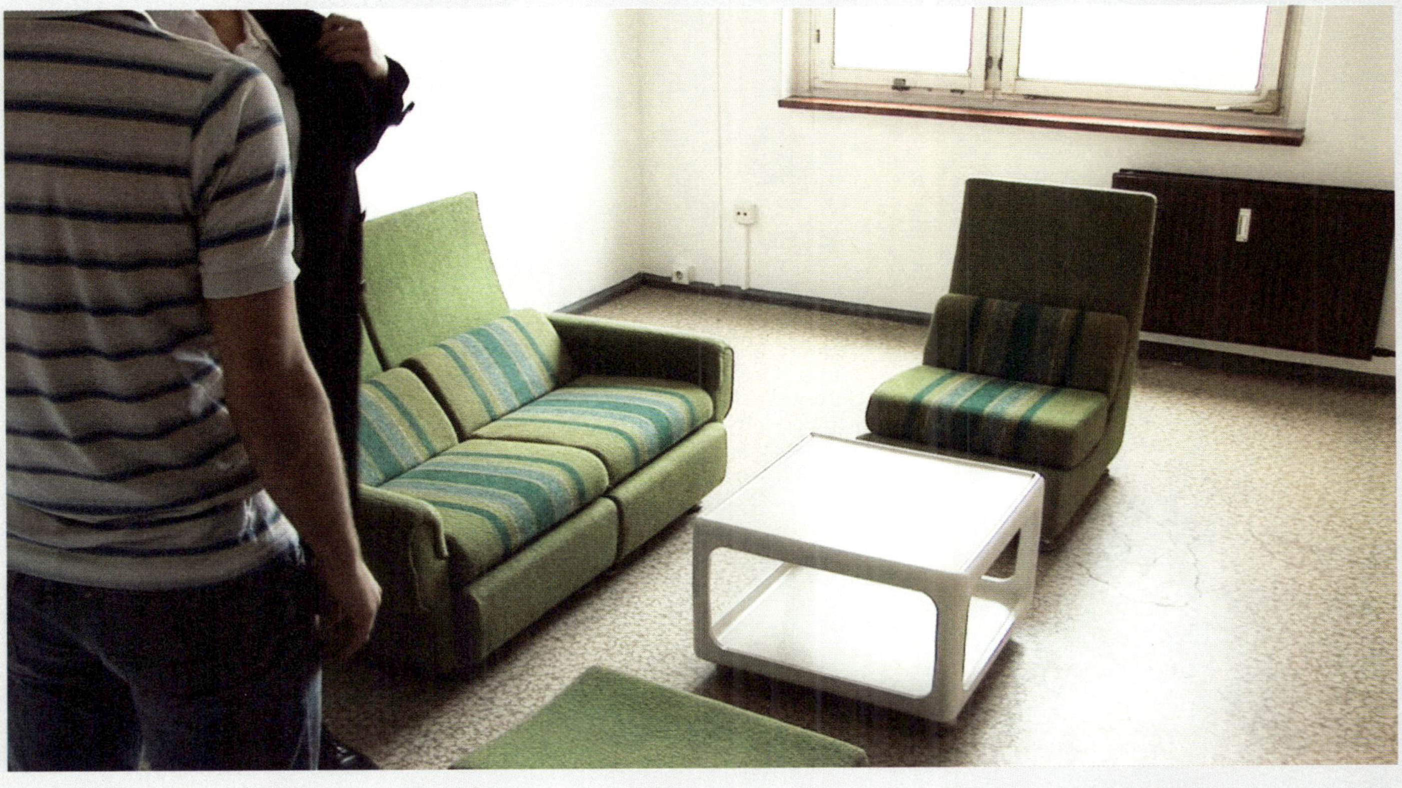

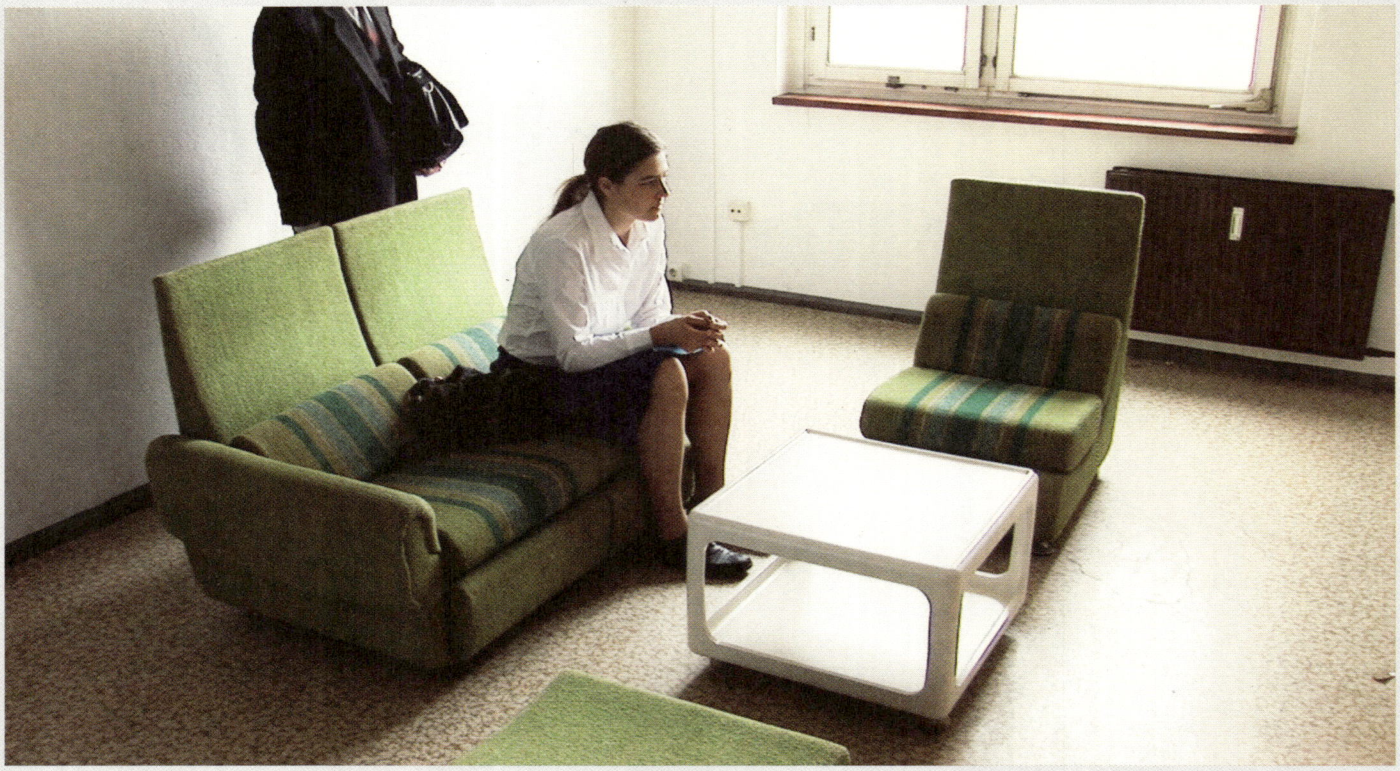

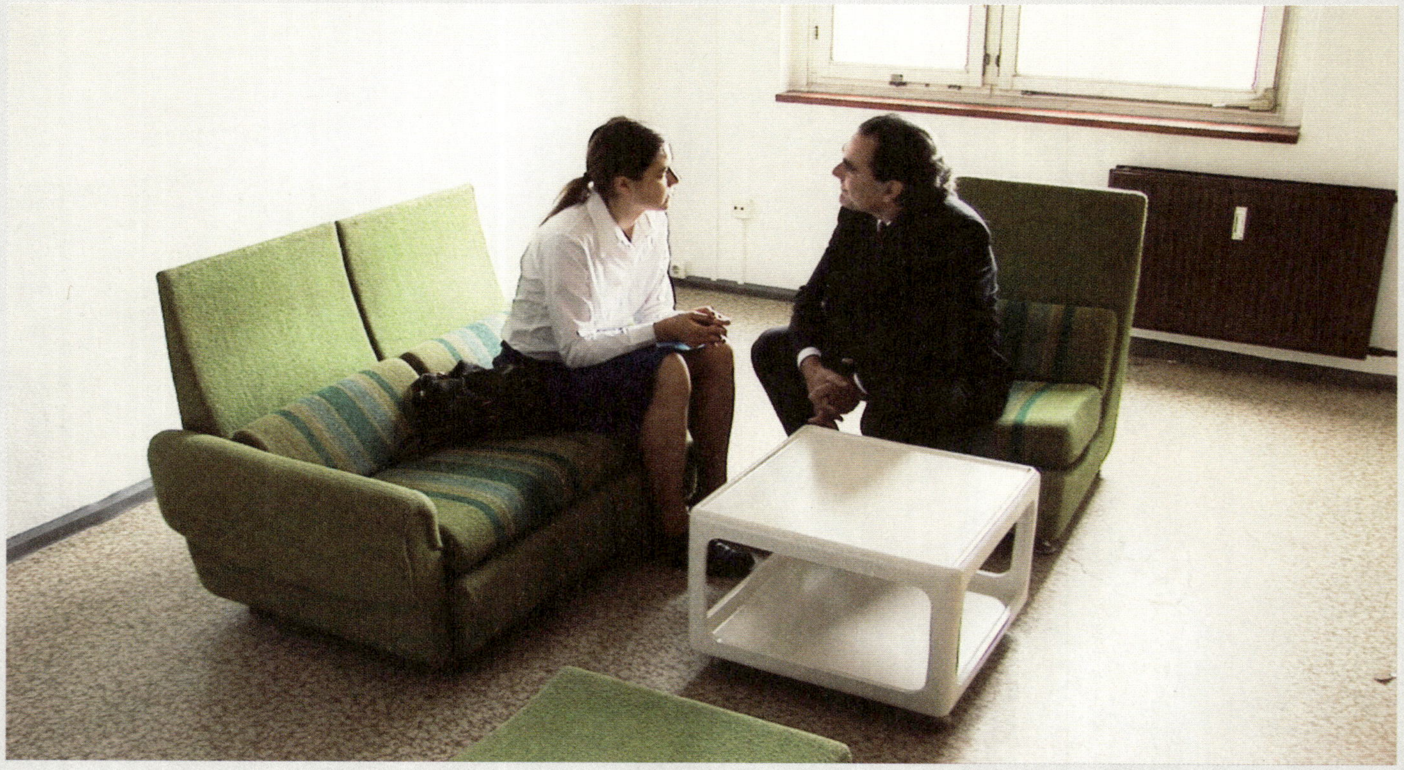

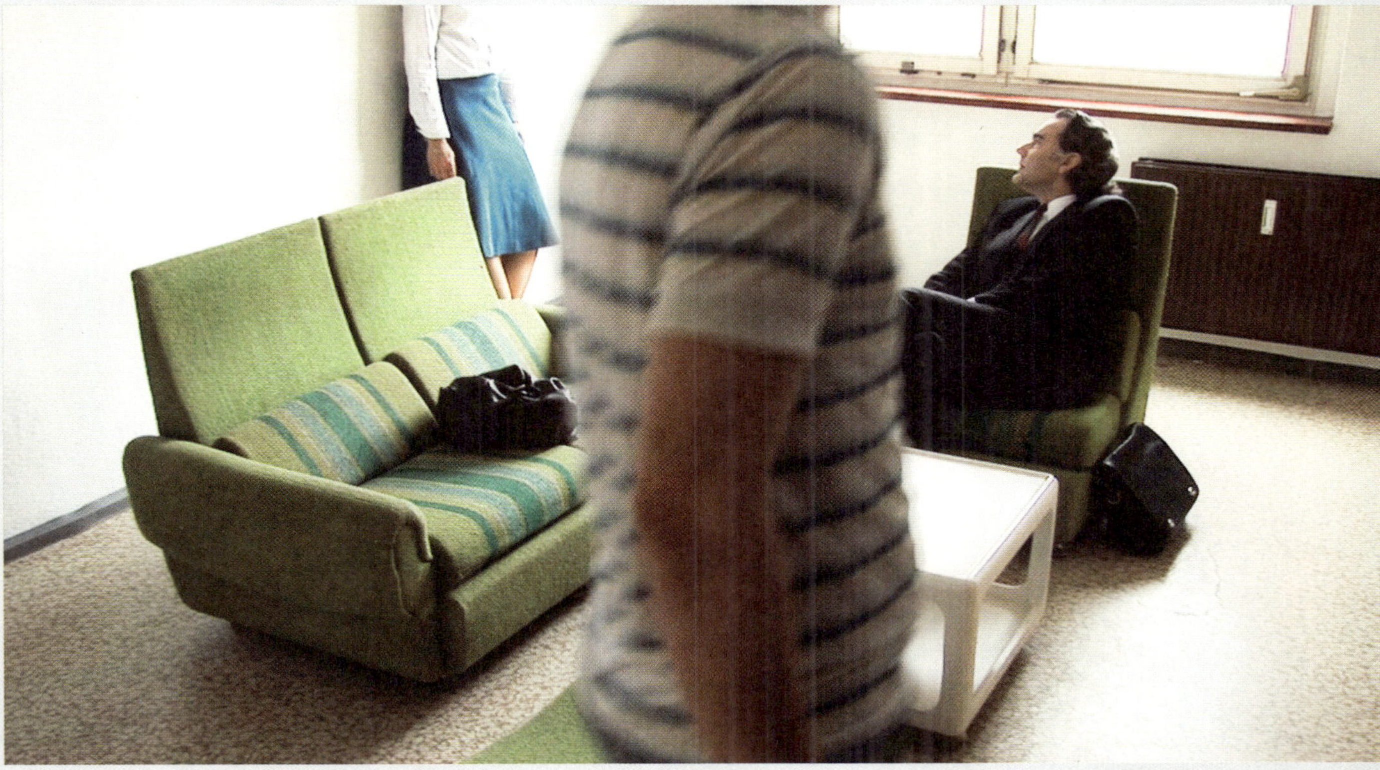

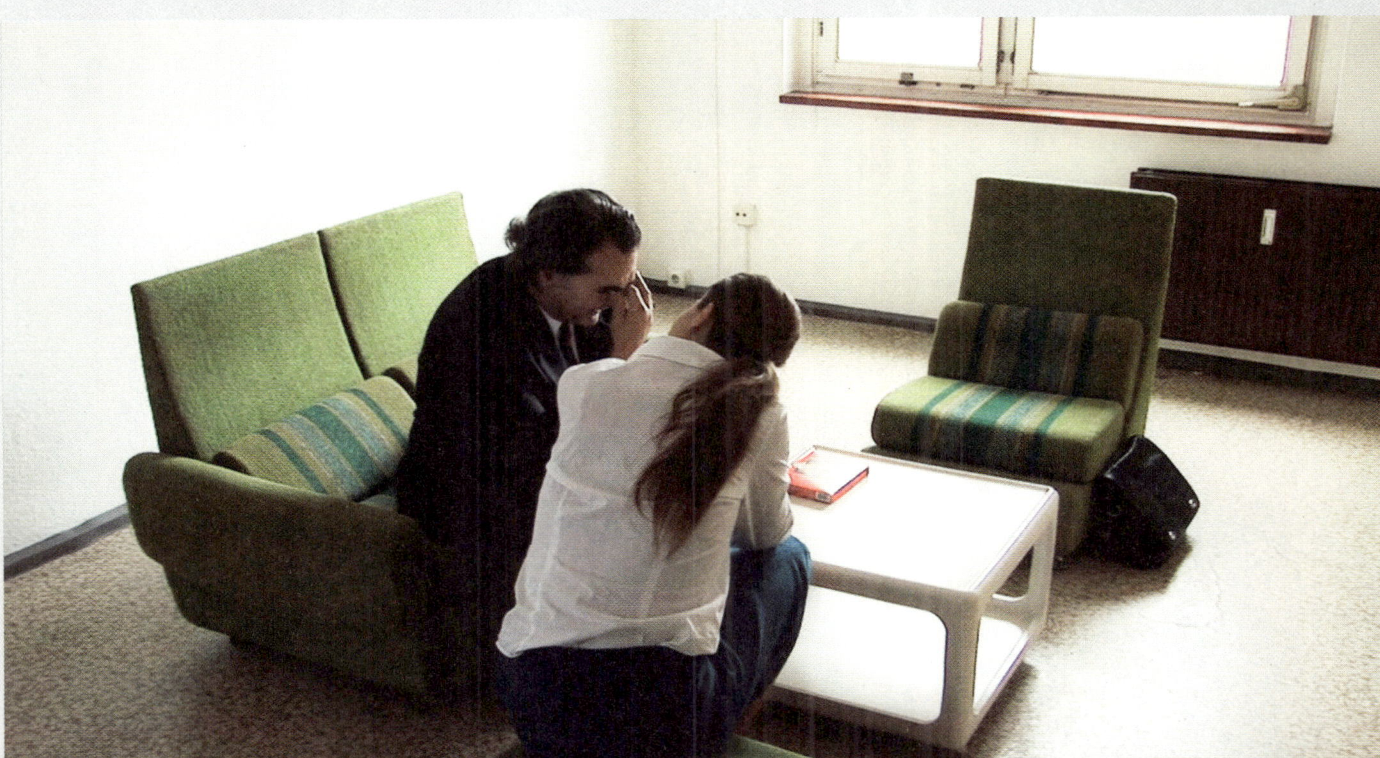

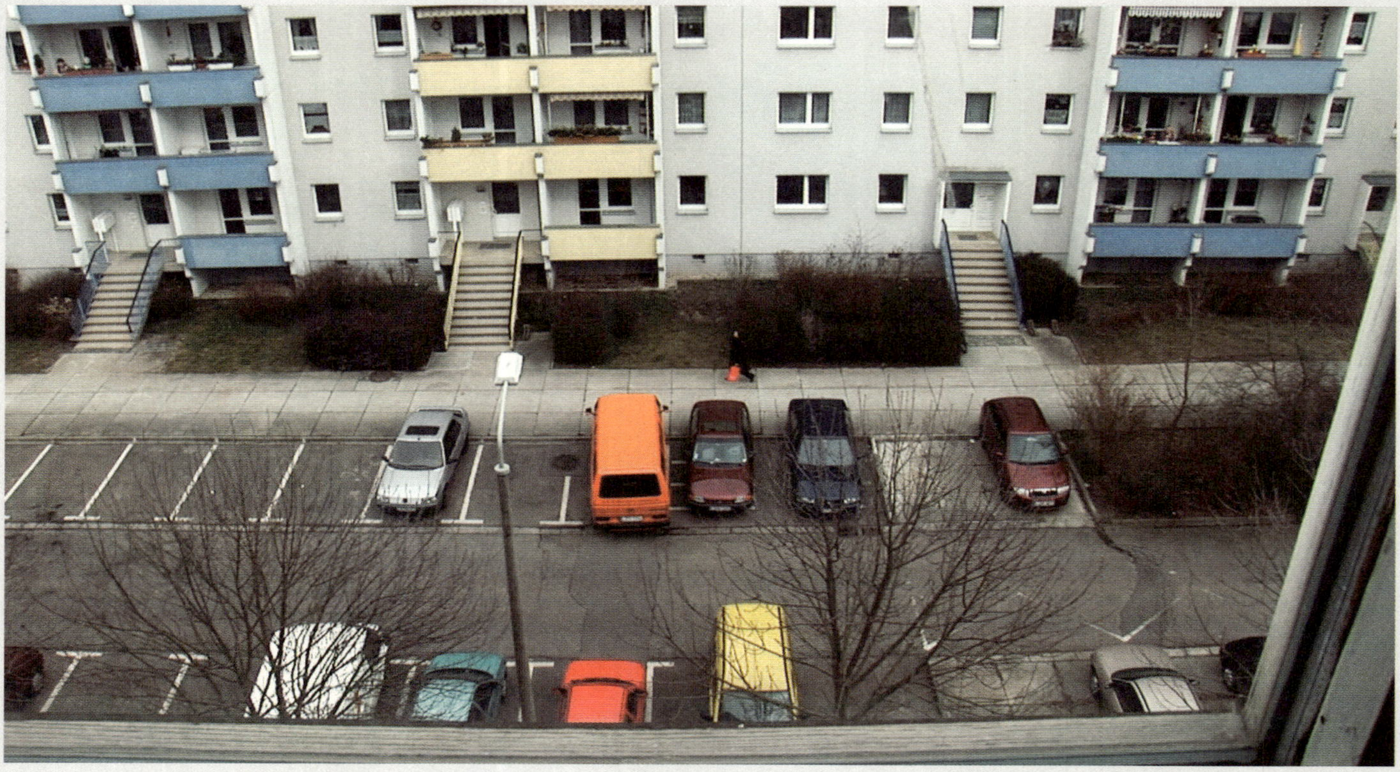

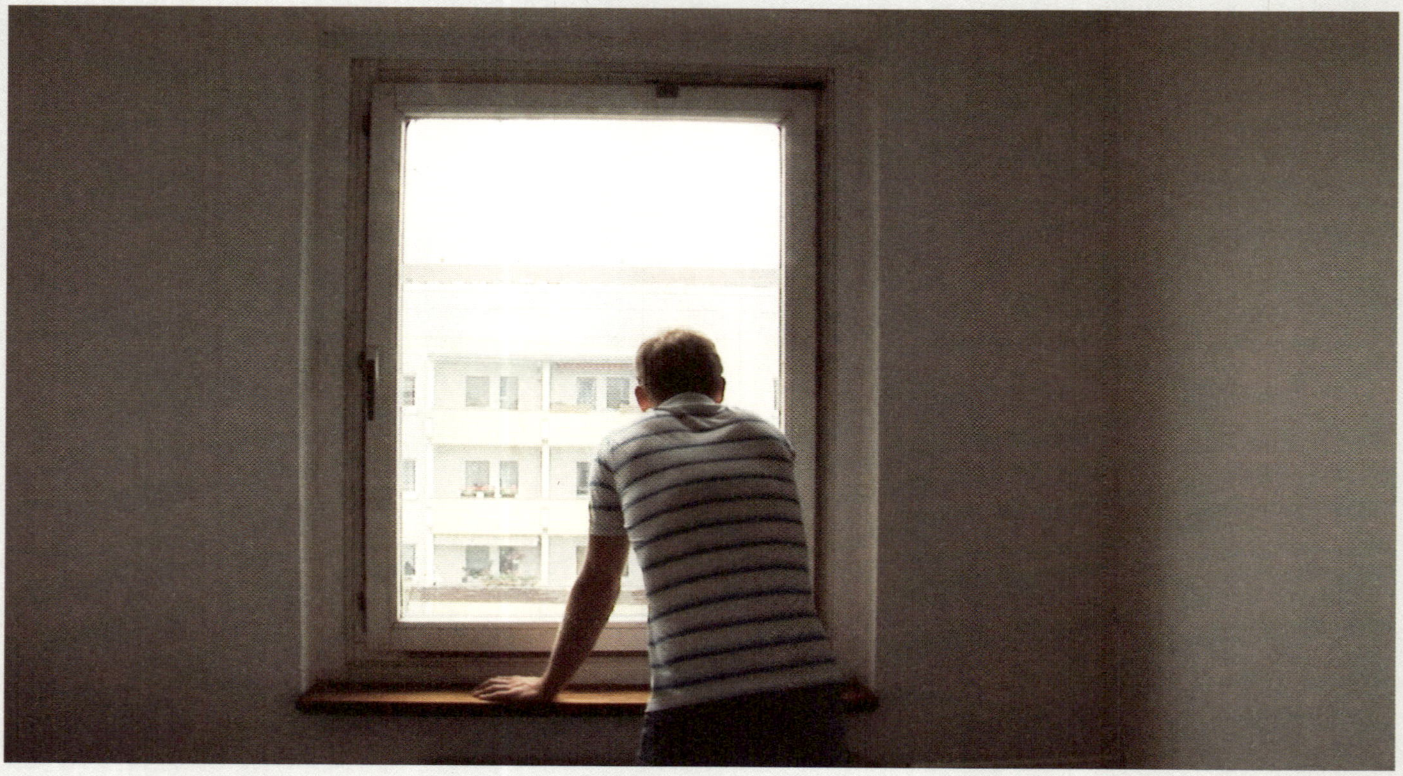

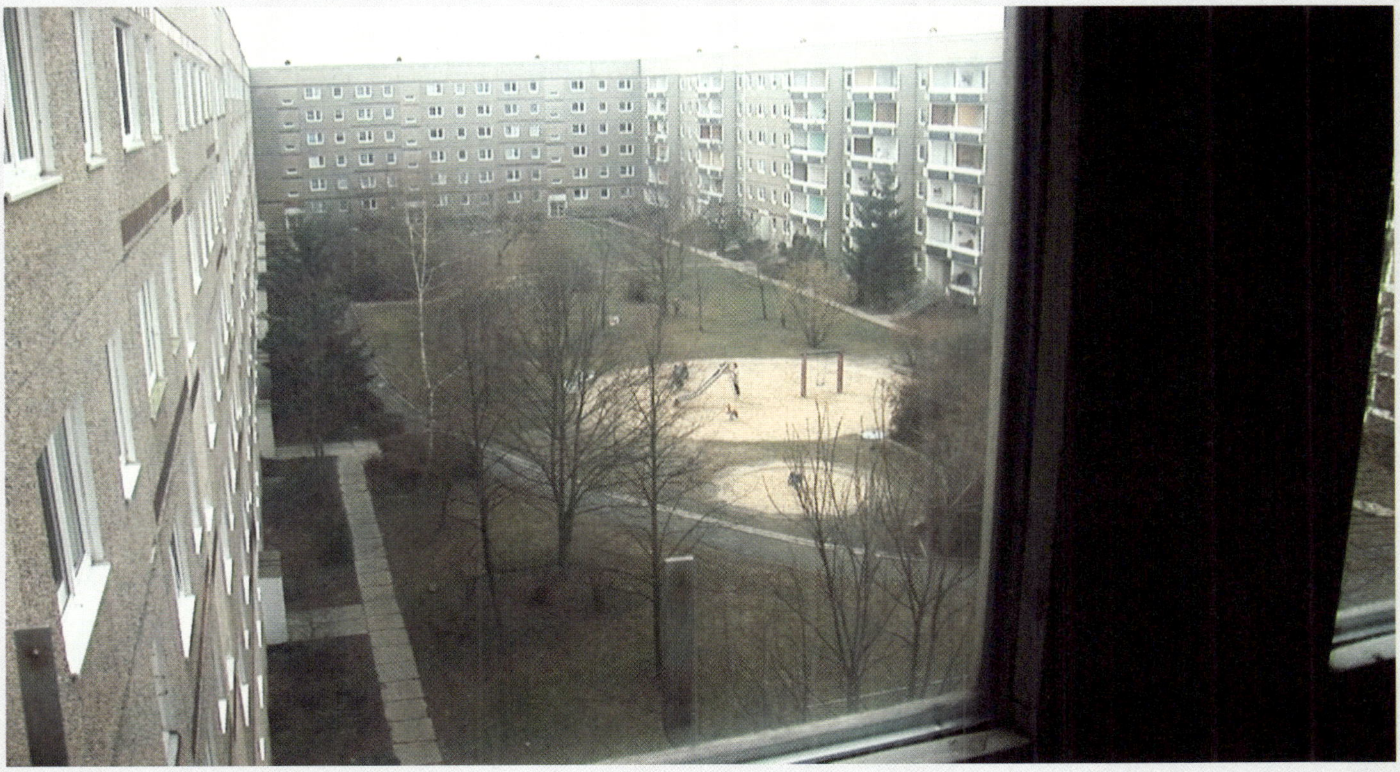

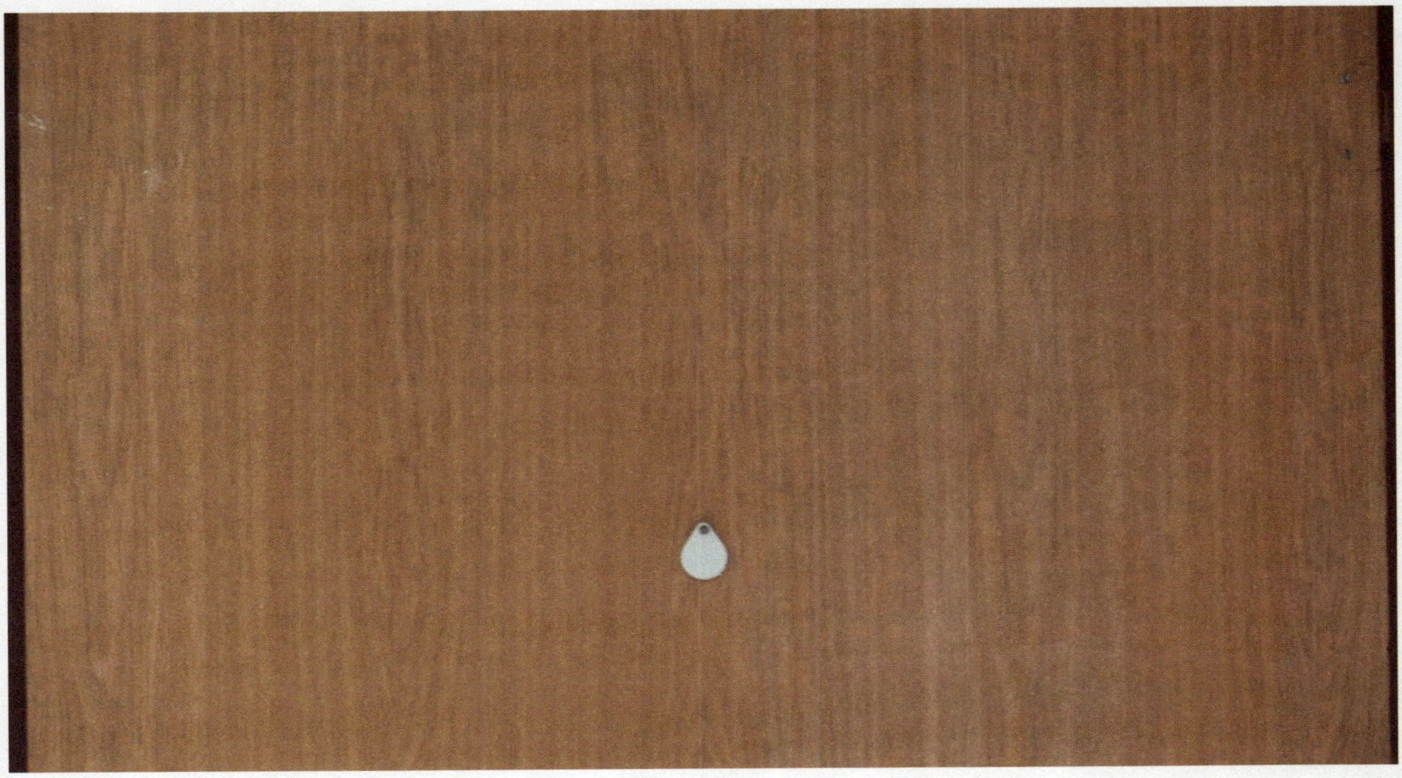

Zimmer, Gespräche

OFF-STIMME (WEIBLICH)

Wessen beschuldigen Sie mich?

Ich würde nie etwas tun, was Ihnen missfallen würde. Ich lebe nicht.

Ich interpretiere, ich übersetze, ich spiele. Selbst wenn Sie mich jemanden leidenschaftlich küssen sehen würden, küsse ich nicht, sondern suche den Grund dieses Kusses; suche was dahintersteckt, welche Botschaft damit überbracht wird, selbst wenn ich mit jemandem ins Bett ginge, müsste ich dabei die ganze Zeit darüber nachdenken, wie ich es Ihnen in meinem Bericht mitteilen könnte. Es tut nichts zur Sache, was Sie von mir gesehen haben; man kann eine Umarmung oder einen Kuss nicht ernst nehmen, wenn man weiss, dass man einen Taperekorder in der Tasche hat, der alles registriert. Sie wissen, dass es keinen echten Kontakt zwischen den Leuten, die ich für sie beobachten soll und mir geben kann.

Sie bedeuten mir alles, aber ich bedeute Ihnen auch alles. Ich kann nur ich selbst sein in Verbindung mit Ihnen. Meine Arbeit ist von der exklusivsten Sorte. Sie schließt alle aus, außer uns beiden. Sollten Sie sich von mir abwenden, bin ich völlig allein.

OFF-STIMME (MÄNNLICH)

Hierbleiben oder Nicht-Hierbleiben - Offenbar ging es in dieser Republik nur und immer um diese Dinge … alles Reden war nur Vorwand für das einzige Thema: ob jemand die Absicht habe, das Land zu verlassen oder nicht. Dies war offenbar zum Hauptkriterium dafür geworden, wie das Dasein eines Menschen zu beurteilen sei. Die Frage nach dieser Absicht - Hierbleiben oder Nicht-Hierbleiben - beherrschte das allgemeine Bewusstsein ganz und gar (und die Frage war längst zu einer Paraphrase auf Hamlets Monolog geworden); das Nachdenken über diese Frage war zum alleinigen gemeinsamen Wesenszug eines ganzen Volks geworden.

Überall sonst, wenn Leute fragen, wie spät es ist, ist es weil sie dies wissen wollen. Hier ist dies genauso, aber sie wollen zudem noch beweisen, dass sie zu einer bestimmten Zeit irgendwo waren. Die Leute arbeiten permanent an ihren Alibis. Nichts ist normal. Was normal scheint, irrelevant oder banal, ist tatsächlich voll von Botschaften, welche nur das geübte Auge erkennen kann. Alles ist bedeutungsvoll. Jedes Buch hat eine geheime Botschaft. Jede Geste auf der Straße bedeutet etwas. Jede Abweichung von der komplexen Choreografie des guten Bürgers bedeutet irgend etwas. Jedes Wort wird aus mindestens zwei Gründen gesagt: erstens, um von jedem gehört zu werden, und zweitens, um eine Botschaft an jene zu übermitteln, welche diese verstehen können. Uns bedeutet nichts mehr als dasjenige, was wir nicht verstehen.

Katarina klingelt an der Tür, der junge Mann macht auf und sagt (im Stimmengeräusch: „Ich hab jetz, ähm, ich kann's euch nicht erklären")

DIALOG

(Die Stimme (Matthias Hummitzsch) beginnt, sehr genau das Haus und das Zimmer zu beschreiben):
Wohnzimmer einer Dreiraum-Wohnung, Typ WBS 70, Wände und Decke Raufasertapete, Struktur: grob, Farbe: weiß. Küchentür mit Glaseinsatz, gelbes Norpelglas, Messingbeschläge: ungeputzt, Scheibe: schmutzig. Heizung, alte Ausführung, Rippenheizkörper mit Absperrventil, Farbe: Biberbraun.
Nässeschaden am Boden durch Heizung verursacht.
Fensterbrett: Holz, braungestrichen, zweiflügeliges Fenster, alte Ausführung, Holzrahmen, Isolierglas linke Scheibe: matt, ungeputzt, schlechter Zustand.

Innenhof: U-förmige Blöcke, Typ WBS 70, linke Seite ohne Balkone, rechte Seite mit Balkonen.
Innenhofgestaltung: Baumbewuchs, Buschwerk, Wiese.
In der Mitte ein Kinderspielplatz ohne Kinder.
Wohnzimmertür, Glaseinsatz, gelbes Norpelglas, ebenfalls Messingbeschläge, ungeputzt.

Zimmereinrichtung: Polstergarnitur mit Textilbezügen, Farbe: lindgrün, mit dunkelgrünen Streifen, Hocker, ebenfalls lindgrün, in der Mitte ein Tisch aus Schaumpolyuretan, Farbe weiß, mit Metallrollen.
Fußbodenbelag: PVC, ungepflegter Eindruck, Farbe: beige, Scheuerleiste: umlaufend, Plaste, Farbe grau.

Matthias Hummitzsch: Sie sind früh, mein liebes Fräulein. Sie haben bereits 20 Minuten draußen gewartet und, ja, möglicherweise fünf Minuten in diesem Zimmer.

Katarina Schröter: Oder Sie sind zu spät. Sie sind gelernter Sicherheitsmann, und Sie wissen was Sie bewirken, wenn Sie Untergebene warten lassen. Ich muss also annehmen, dass ich nicht mehr zu gebrauchen bin, weil ich unzuverlässig bin? Kontrollieren Sie mich? Einfach nur kontrollieren mit diesen sinnlosen Aufträgen?

Matthias Hummitzsch: Sinnlose Aufträge? … Ich habe Ihnen etwas gekauft. Ein kleines Geschenk.

Katarina Schröter: Ist das die übliche Vorgehensweise in so einer Situation?

Matthias Hummitzsch: Was für eine Art von Situation meinen Sie? Ich bitte Sie, seien Sie etwas taktvoller.

Katarina Schröter: Bitte geben Sie zu, dass Sie mir von Anfang an nicht trauten, genau wie jetzt.

Matthias Hummitzsch: Ich vertraue Ihnen absolut: Ich will Sie nur vorbereiten auf schwierige Situationen.

Katarina Schröter: Ich wollte immer nur Ihren Erwartungen gerecht werden. Aber Ihre Erwartungen scheinen nicht besonders hoch zu sein. Offensichtlich halten Sie nicht viel von meinen Kapazitäten.

Matthias Hummitzsch: Da liegen Sie völlig falsch. Ich will Sie beschützen.

Katarina Schröter: Sie sind der einzige, der mir Angst machen kann.

Matthias Hummitzsch: Soll das jetzt'n Kompliment sein?

Katarina Schröter: …

Matthias Hummitzsch: Brauchen Sie irgend etwas? Brauchen Sie Geld? Wenn irgend was nicht stimmt, müssen Sie es nur sagen, Sie müssen nicht ängstlich sein! Wie dem auch sei. Fangen wir an … mmmm … (er fragt freundschaftlich, als ob er persönlich interessiert wäre): Erzählen Sie mir vom gestrigen Treffen: Wer war da, was ist passiert, mit wem haben Sie gesprochen?

Katarina Schröter: Es gibt nichts zu berichten. Alles war normal. Die Leute waren normal, die Diskussionen waren normal.

Matthias Hummitzsch: Und weil alles normal war, glauben Sie, es ist sinnlos, mir etwas darüber zu berichten???? Merken Sie sich: Nichts ist normal. Oder glauben Sie, dass ich nicht gerade am Normalen interessiert bin?? Glauben Sie, dass mich nur "das Abnormale" interessiert? Wie leben diese Personen, wovon leben diese Personen, wo kommt die Uhr her am Arm, wie läuft die Ehe, wer kümmert sich um die Kinder, liegen homosexuelle Neigungen vor, ich meine, das ist wichtig. Die Zigarettenmarke! Die Automarke!
Sie selber dürfen natürlich nie genaue Antworten geben, geben Sie sich etwas rätselhaft, das macht Sie interessant, man interessiert sich für Sie und man wird Sie einbeziehen wollen.

Katarina Schröter: Ich weiß, was Sie meinen, das habe ich immer getan. Aber ich kann einfach nichts Gefährliches, nichts Verdächtiges, nichts Feindliches in diesen Leuten erkennen.

Matthias Hummitzsch: Wir wollen doch den Leuten nichts Böses. Im Gegenteil. Wir wollen diese Menschen verstehen. Und umgekehrt. Sie helfen auch diesen Menschen, indem Sie mit uns reden. Sie sind eine Vermittlerin.

Katarina Schröter: Glauben Sie wirklich, dass Sie in der Lage sind, ihre Stellung zu verstehen? Glauben Sie, dass Sie die Sprache Ihres Volkes sprechen? Ist es nicht eher so, dass Sie mich fragen, zu übersetzen? Ihre Vorstellung ist nicht die einzig richtige Vorstellung, Sie sollten offener sein gegenüber anderen Wahrheiten.

Matthias Hummitzsch: Offener sein gegenüber anderen Wahrheiten??? Ohh! Wo haben Sie denn nun diese Reden her, mein liebes Fräulein? Es gibt keine verschiedenen Wahrheiten. Es gibt nur eine Wahrheit und wir, wir sind im Besitz dieser einzigen Wahrheit. Aber lassen Sie uns nicht unnütz Zeit darauf verschwenden beim Ergründen dieser Wahrheit …

Katarina Schröter: Das heißt also, Sie glauben grundsätzlich, dass Menschen nicht wert sind, selbst zu entscheiden, was ihre Wahrheit ist?

Matthias Hummitzsch: Es geht doch nicht darum, was Menschen wert sind. Es geht darum was diese Menschen wollen. Verstehen Sie? Nein, Sie verstehen nicht, Sie wollen nicht verstehen. Spielen mal wieder die Sentimentale!

(Steht auf, zieht sich die Hose zurecht, setzt sich aufs Sofa.)

Sie machen sich zuviel Gedanken über die Auswirkungen von dem, was einfach getan werden muss. Glauben Sie mir, es lebt sich ruhiger, einfacher, nur die Schritte zu tun, die anstehen, und den Rest dem Lauf der Dinge zu überlassen, oder den Menschen, die von der Sache etwas verstehen …

Katarina Schröter: Den Rest dem Schicksal überlassen. Und Sie sind das Schicksal, nicht wahr?

Matthias Hummitzsch: Na ja, also Schicksal, das klingt etwas altmodisch. Aber das Schicksal wird demnächst einen anderen, einen neuen Namen bekommen, wahrscheinlich!

Katarina Schröter: Glauben Sie das wirklich?
Matthias Hummitzsch: Sie nicht? Die Welt ist aus den Fugen geraten. Sehen Sie das nicht?

Katarina Schröter: Warum sagen Sie, dass die Welt aus den Fugen geraten ist?

Matthias Hummitzsch: … die Botschaftsbesetzungen … die Basisgruppen, die sich immer neu bilden … die Zahl der Jugend, die in die Kirchen drängt … die sogenannten Skins und Punks, die immer lauter werdenden Ausschreitungen auf Sportplätzen … und die Gier nach harter Währung, und der unverhohlene Tausch damit … ganz abgesehen von den Ausreiseanträgen, die geradezu zur Mode geworden sind.

Katarina Schröter: Das klingt ja apokalyptisch.

Matthias Hummitzsch: Das ist es auch.

Katarina Schröter: Wessen beschuldigen Sie mich?

Matthias Hummitzsch: Ich beschuldige Sie nicht! Ich denke nur, dass Sie meinen Anweisungen nicht folgen … (belustigt) oder, besser gesagt, dass Sie ihnen zu leidenschaftlich folgen.

Katarina Schröter: Ich würde nie etwas tun, was Ihnen missfallen würde.

Matthias Hummitzsch: Es geht nicht darum, dass Sie mir missfallen, es geht darum, dass Sie mir wichtige Informationen liefern. Arbeiten Sie noch für uns?

Katarina Schröter: Glauben Sie wirklich, dass ich ein Leben außerhalb des Ihrigen führe? Ich lebe nicht, ich interpretiere, ich übersetze, ich spiele; selbst wenn Sie mich sehen würden, wie ich mit jemandem ins Bett ginge, müsste ich dabei die ganze Zeit darüber nachdenken, wie ich es Ihnen in meinem Bericht mitteile.

Matthias Hummitzsch: Bitte bitte, mein wertes Fräulein, verschonen Sie mich mit Details aus Ihrem Sexualleben. Wir arbeiten hier.

Katarina Schröter: Ich meinte ja nur, dass Sie keinen Grund haben, an meiner Loyalität zu zweifeln. Und Sie stellen meine Loyalität in Frage! Sie wissen, dass es keinen echten Kontakt zwischen den Leuten, die ich für sie beobachten soll, und mir geben kann.

Matthias Hummitzsch: Wirklich? Echt oder falsch, Sie hatten einen Kontakt.

Katarina Schröter: Ich dachte wirklich, dass ich das getan habe, was Sie von mir verlangten.

Matthias Hummitzsch: Haben Sie ja auch. Mann. Ich habe ja nur einen Scherz gemacht. Sie haben gut abgeschnitten. Ich hätte ja nur gewollt, dass Sie einen besseren Partner bekommen, einen "operativ-wertvolleren" Kameraden.

Katarina Schröter: Er darf nichts von unserer Beziehung wissen.

Matthias Hummitzsch: Ohhh! IM weist darauf hin, dass der Dienstpartner nicht von der Zusammenarbeit mit dem MfS erfahren darf. Konspiration und Geheimhaltung! Haben Sie doch keine Angst. Sie sind nicht allein. Glauben Sie mir: Sie bedeuten mir alles, so wie ich Ihnen alles bedeuten sollte. Sie können nur mit mir zusammen Sie selbst sein.

Katarina Schröter: Sie sagen es, denn: Sollten Sie sich von mir abwenden, bin ich völlig allein.

Matthias Hummitzsch: Aber ich bin, ich bin auch nicht Ihr Vater, ich bin ein ganz normaler, austauschbarer Mittelmensch, ich bin ein Redaktionssekretär mit Ärmelschützern, der auf Ihre Informationen angewiesen ist. Oder, vielleicht bin ich doch Ihr Vater. Ein Vater, der dafür sorgt, dass Ihr Konto nicht bis ins Bodenlose stürzt, wie viel Sie auch immer abheben würden.
Ich frage Sie nochmals, brauchen Sie Geld?

23:16

OFF-STIMME

23:54:00

Sollten Sie einen unserer Mitarbeiter fragen, wie er mit der Firma zusammenzuarbeiten begann, wette ich, dass niemand sich daran erinnert. Der Anfang unserer fruchtbaren Zusammenarbeit scheint im Nebel des Paranormalen zu liegen, im Traumartigen. Wir haben uns alle in einem Traum getroffen. Sie haben sich nie entschlossen, mit uns zusammenzuarbeiten, es war beschlossene Sache, Deus Ex Machina: "Höhere Wesen befahlen …" Nicht nur, dass der wahre Grund, dass Sie mit uns begannen zusammenzuarbeiten in der Freud'schen Tiefe Ihres Unterbewusstseins liegt, der Grund warum Sie es taten, ist das Unterbewusstsein selbst.

25:20

Es gibt keine bessere Lage als jene, in der ich mich jetzt befinde. Es kann für mich nur noch bergab gehen. Wenn Du älter als 40 bist, dann kannst Du nur noch weitermachen. Da Du nicht mehr Teil der Zukunft sein kannst, ist es das Beste, die Vergangenheit so lange wie möglich festzuhalten.
Ich konnte niemals mit Dir sprechen.

Du würdest mir auch niemals in dieser Zukunft zuhören, die ich so verzweifelt versuche zurückzuhalten.

In dieser Zunkunft werde ich nichts mehr sein.

00:26:10.11

Historical observation videos, 1980–1989. BStU archive, former MfS archive, German Democratic Republic

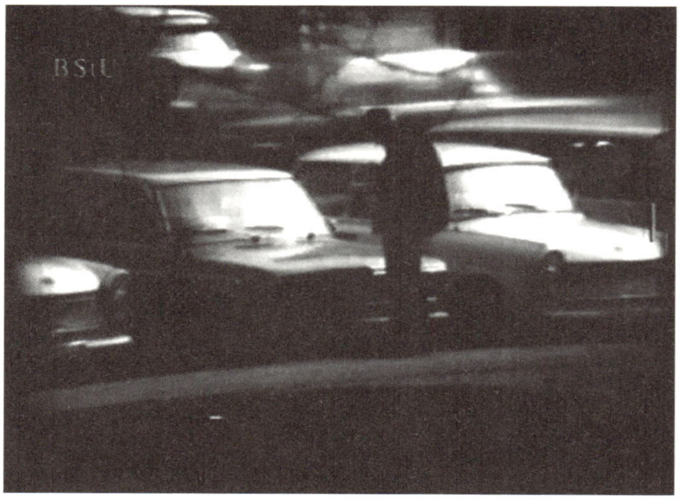
BStU

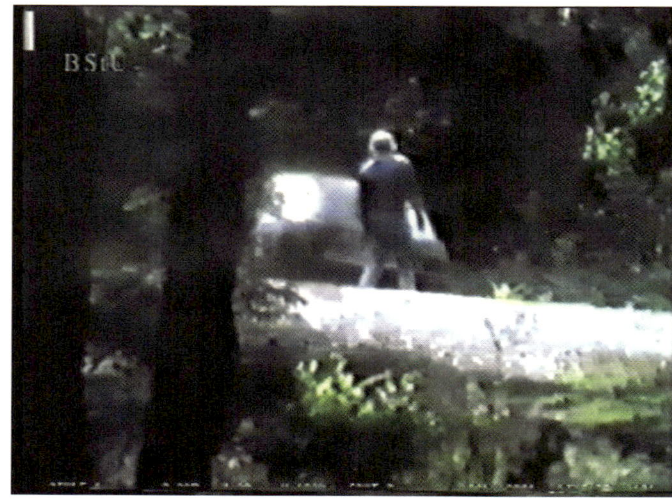
BStU

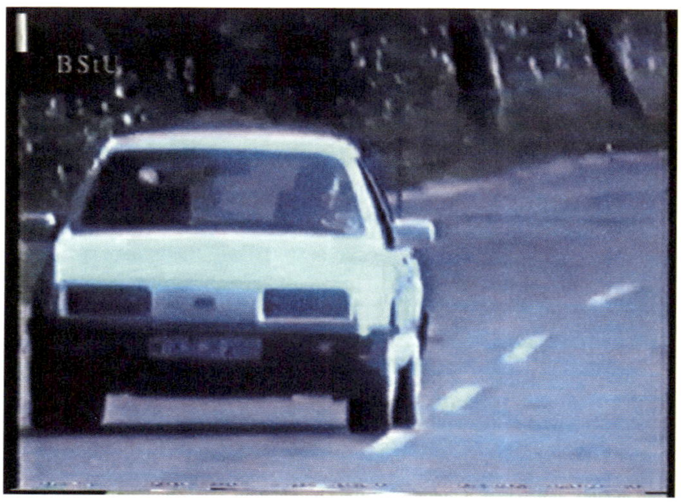
BStU

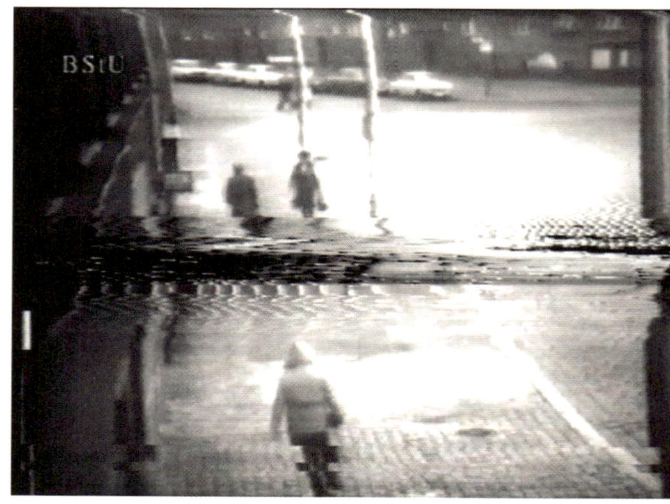
BStU

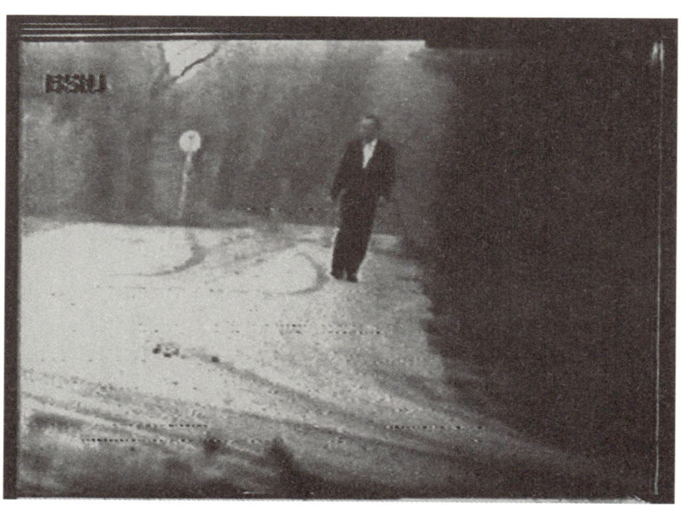
BStU

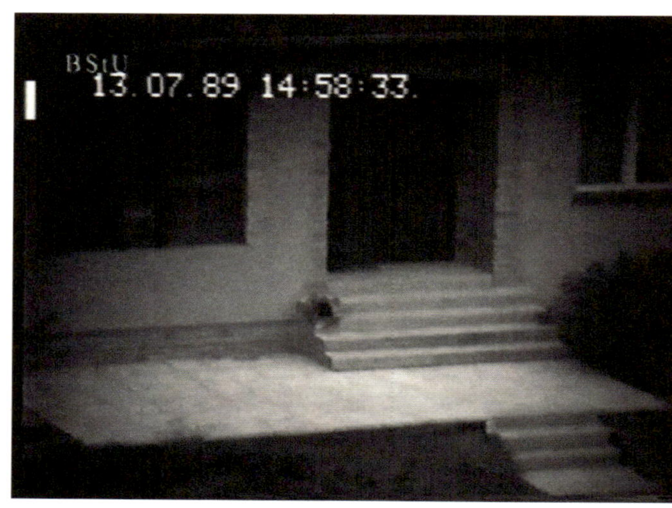
BStU
13.07.89 14:58:33.

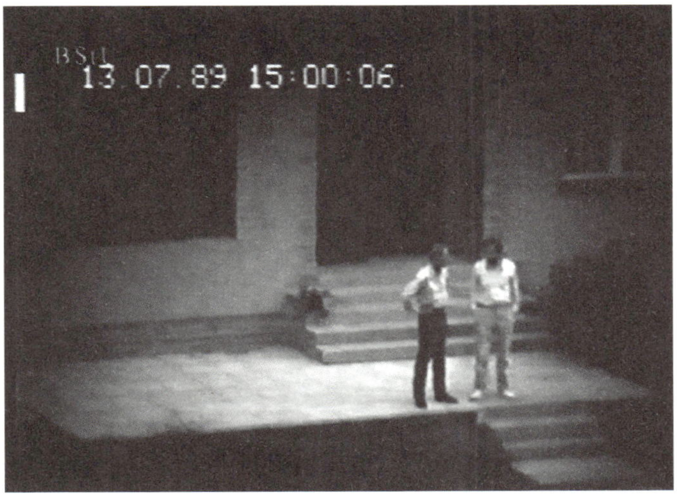
BStU
13.07.89 15:00:06.

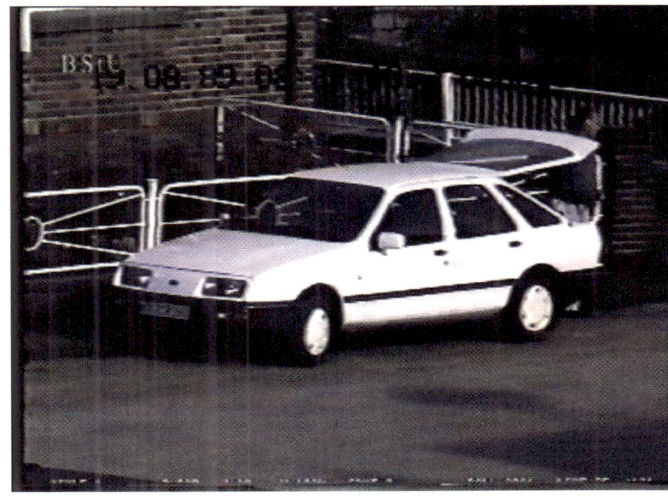
BStU

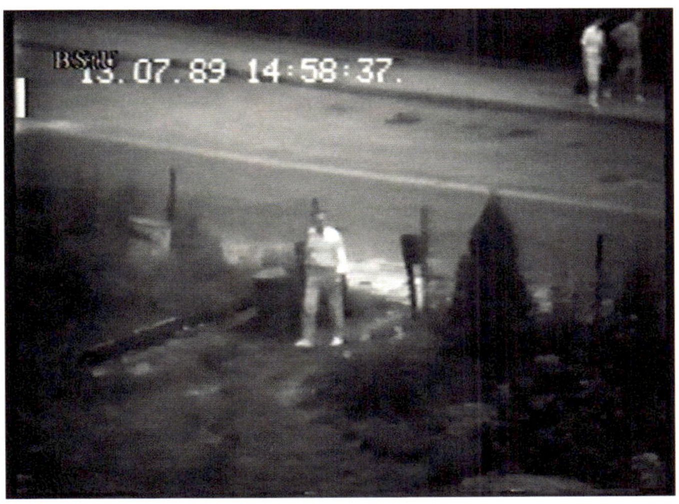
BStU
13.07.89 14:58:37.

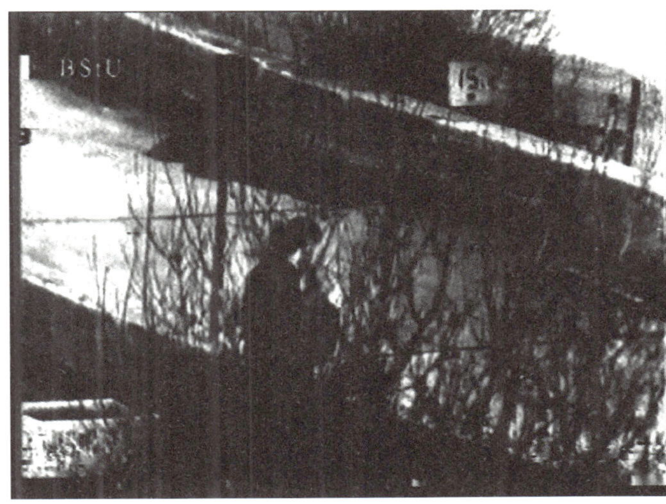
BStU

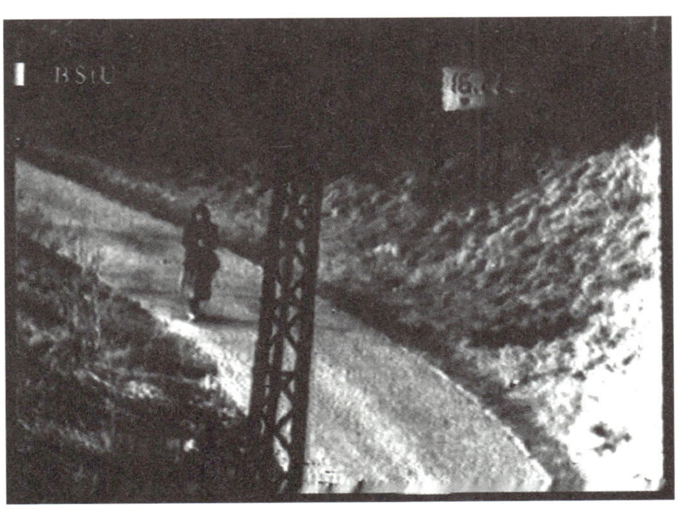
BStU

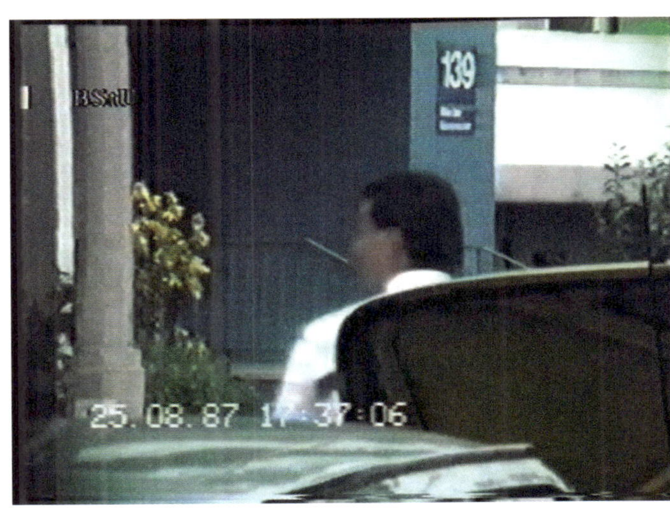
BStU
139
25.08.87

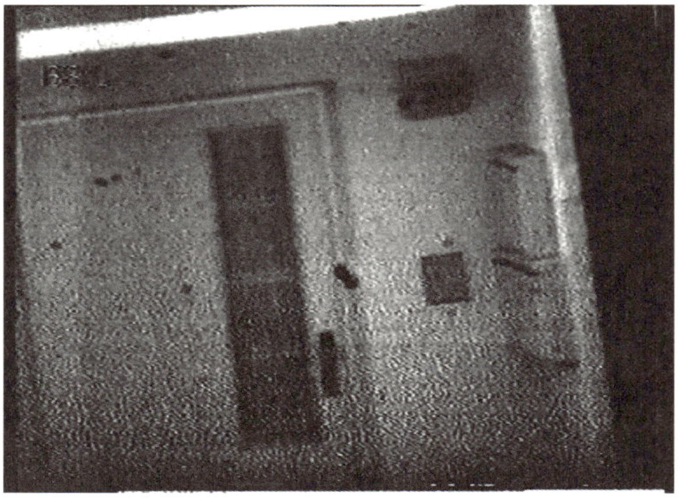

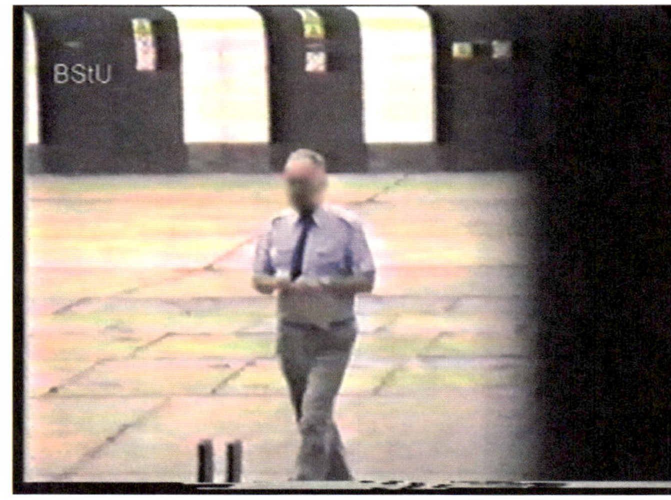
BStU

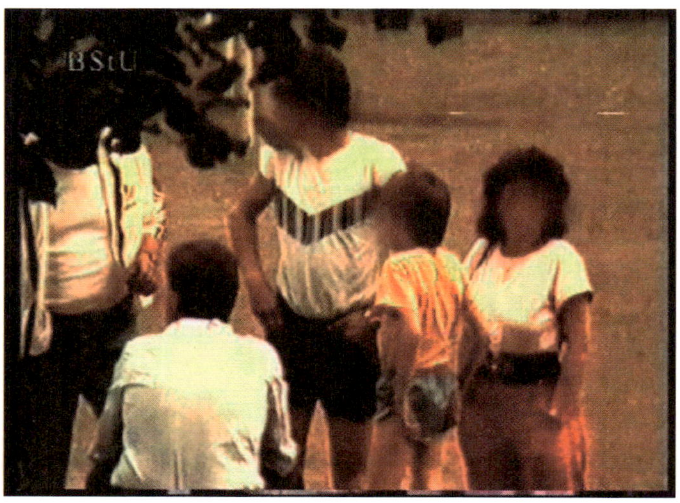
BStU

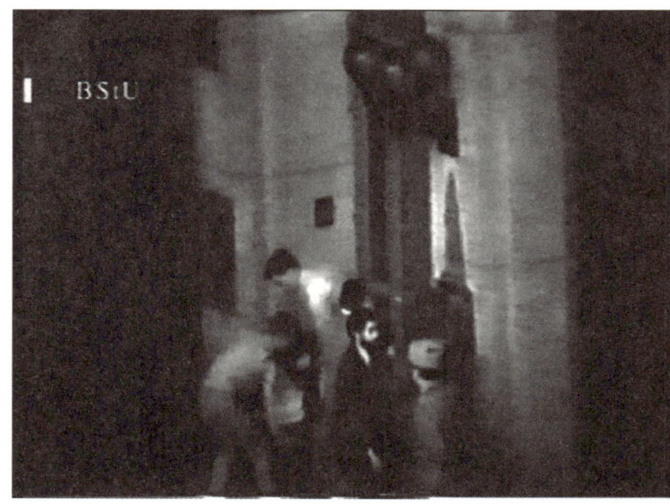
BStU

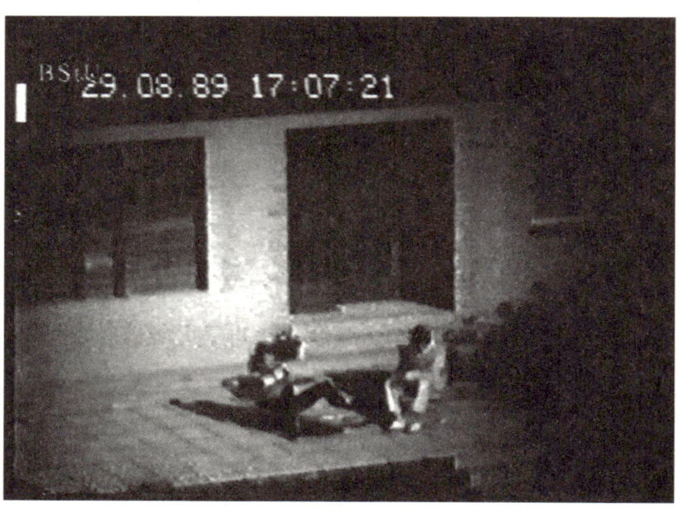
29.08.89 17:07:21

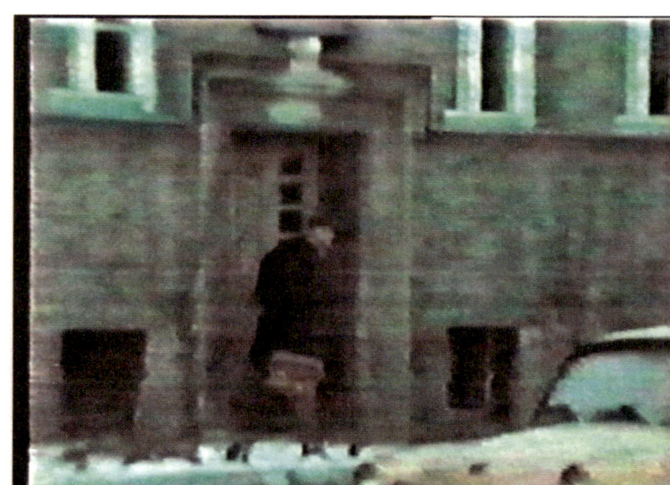

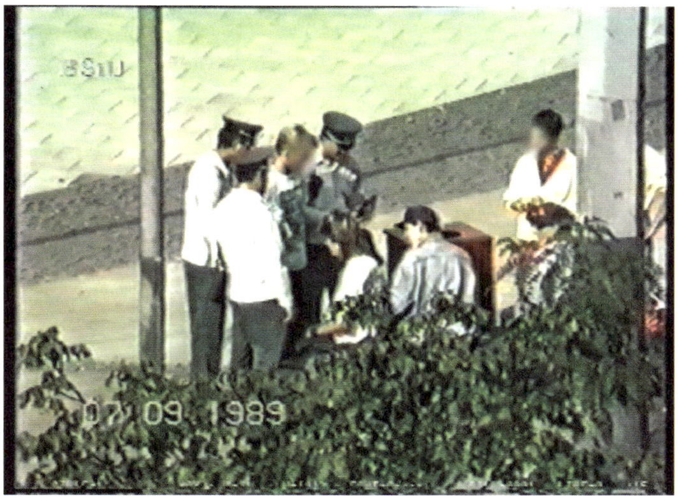
BStU
07.09.1989

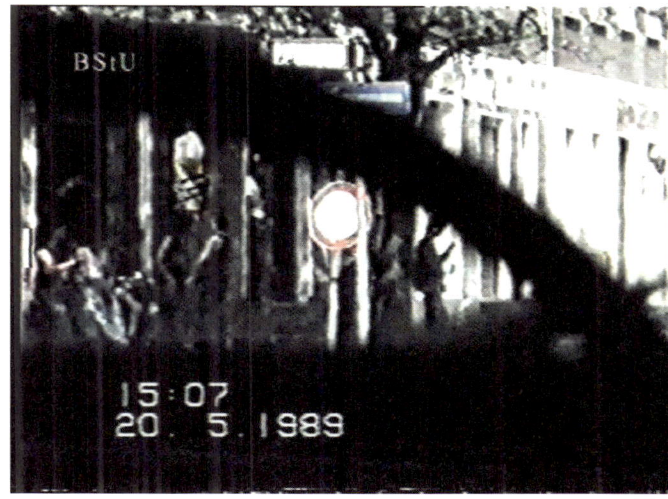
BStU
15:07
20. 5.1989

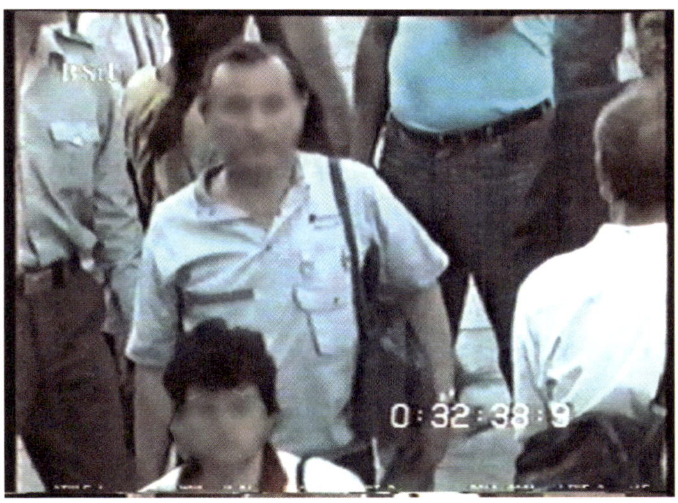
BStU
0:32:38:9

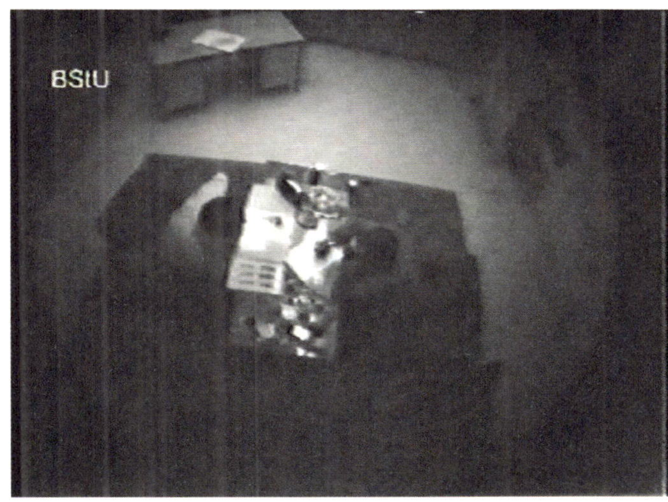
BStU

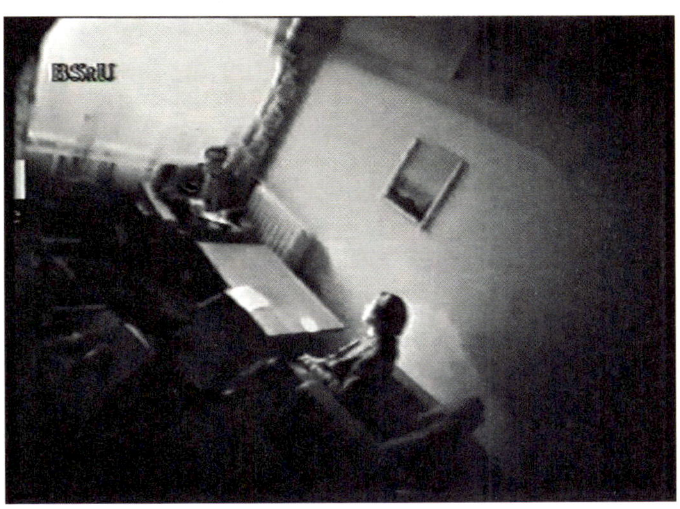
BStU

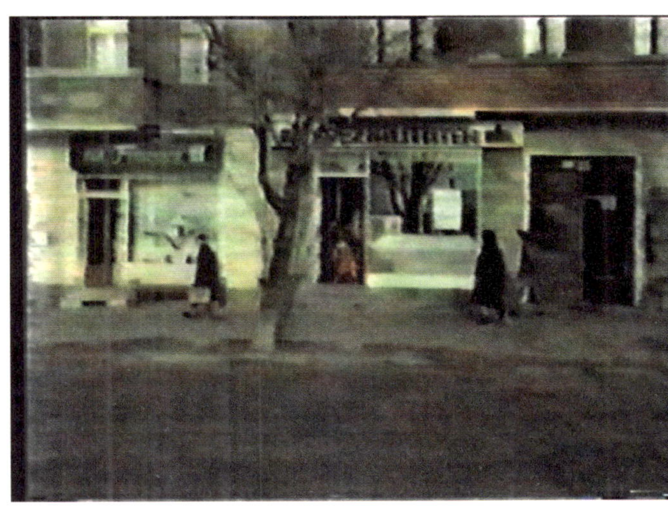